CW01269328

ウラジーミル・マラーホフ 第10回世界バレエフェスティバル全幕特別プロ「ジゼル」© Hidemi Seto

熊川哲也 K-Ballet Company「海賊」© Hirotsugu Okamura

マニュエル・ルグリ シュツットガルト・バレエ「オネーギン」© Arnold Gröschel

ジョゼ・マルティネズ 第9回世界バレエフェスティバル「グラン・パ・クラシック」アニエス・ルテステュと © Hidemi Seto

マチュー・ガニオ
東京バレエ団「ラ・シルフィード」© Hidemi Seto

ジョルジュ・ドン 「ボレロ」© Hidemi Seto

ジル・ロマン　第11回世界バレエフェスティバル「アダージェット」© Hidemi Seto

ニコラ・ル・リッシュ パリ・オペラ座バレエ「白鳥の湖」ウィルフリード・ロモリと © Hidemi Seto

デニス・ガニオ 第4回世界バレエフェスティバル「カルメン」ドミニク・カルフーニと © Hidemi Seto

アンドレイ・ウヴァーロフ アナニアシヴィリ＆グルジア国立バレエ「ドン・キホーテ」© Hidemi Seto

ファルフ・ルジマートフ インペリアル・ロシア・バレエ「シェヘラザード」スヴェトラーナ・ザハーロワと © Hidemi Seto

首藤康之 東京バレエ団「ギリシャの踊り」© Arnold Gröschel

小林十市 ベジャール・バレエ・ローザンヌ「東京ジェスチャー」ジュリアン・ファヴローと © Hidemi Seto

ジュリアン・ファヴロー ベジャール・バレエ・ローザンヌ「これが死か」カトリーヌ・ズアナバール、ダリア・イワノワと © Hidemi Seto

アダム・クーパー AMP「白鳥の湖」© Hidemi Seto

ロベルト・ボッレ ミラノ・スカラ座バレエ「椿姫」アレッサンドラ・フェリと © Marco Brescia/Teatro alla Scala

マッシモ・ムッル 新国立劇場バレエ団「こうもり」アレッサンドラ・フェリと © Hidemi Seto

ニコライ・ツィスカリーゼ ローラン・プティ　グラン・ガラ「スペードの女王」イルゼ・リエパと © Hidemi Seto

イーサン・スティーフェル 新国立劇場バレエ団「ライモンダ」
© Hidemi Seto

アンヘル・コレーラ 第 10 回世界バレエフェスティバル「ドン・キホーテ」© Hidemi Seto

イーゴリ・ゼレンスキー 新国立劇場バレエ団「眠れる森の美女」
© Hidemi Seto

ホセ・カレーニョ ミラノ・スカラ座バレエ「ドン・キホーテ」タマラ・ロホと © Hidemi Seto

ルドルフ・ヌレエフ　パリ・オペラ座バレエ「白鳥の湖」ノエラ・ポントワと © Colette Masson/Roger-Viollet

ミハイル・バリシニコフ　ABT「ドン・キホーテ」
© Martha Swope/American Ballet Theatre

アントニオ・ガデス　© Colette Masson/Roger-Viollet

アンソニー・ダウエル　ロイヤル・バレエ「眠れる森の美女」
© Leslie E. Spatt

パトリック・デュポン（第6回世界バレエフェスティバル「ドン・キホーテ」マリ＝クロード・ピエトラガラと）© Kiyonori Hasegawa

踊る男たち

バレエのいまの魅惑のすべて

目次

III

踊る男たち

バレエのいまの魅惑のすべて

はじめに

バレエは女性ダンサーのもの、というイメージは根強い。歴史的にも、バレエの主役を女性が務めた時代は長かった。トウシューズやチュチュに身を包み、華やかに踊るバレリーナは、確かにとても美しい。

だが、バレエのなかの男たちも、負けず劣らず美しいのである。鍛えられた身体、大空にはばたくようなダイナミックな跳躍、嵐のような回転、そして男性ならではの深く、渋く、熱い表現。忠実なナイトのように一歩下がって女性ダンサーをサポートし、高くリフトして、最高に美しく見せようとする姿も感動的だ。踊る男たちは力強く、セクシーで迫力に満ち、時として女性ダンサー以上にしなやかで優雅な身のこなしを見せる。美しさと豪快さを併せ持つ彼らの踊りは、女性ダンサーのそれとはまた別の魅力で、私たち観客の心をわしづかみにする。

宮廷バレエの時代、バレエの中心にいたのは男性だった。「夜のバレエ」で太陽神アポロンを踊り、太陽王といわれたルイ十四世は象徴的な存在だろう。十八世紀、マリー・カマルゴやマリー・サレなど、女性ダンサーが注目を集め始めるが、まだまだ男性ダンサーの時代は続く。ガエタン・ヴェストリスと息子のオーギュスト の優れた技術と表現力が、長年に渡ってパリの観客を魅了していたこともよく知られる。

だが、十九世紀に入り、ロマンティック・バレエの時代が到来したとき、男女の立場は逆転した。マリー・タリオーニやファニー・エルスラー、カルロッタ・グリジといった女性ダンサーが活躍するなかで、男性ダンサーは脇に回るいっぽう。劇場はいつか、男性の観客が女性ダンサーの品定めをする場所になってしまったともいわれる。マリウス・プティパがロシアで発展させたクラシック・バレエでは、リフトの技術などが発達、男性ダンサーは踊りに欠くことのできない存在だったが、それでもやはり物腰優雅にバレリーナを支え、美しく踊らせることが本義とされた。

そんな流れが、劇的に変わるのが二十世紀初頭。バレエ・リュスが行なったヨーロッパ公演で、観客は再び男性ダンサーの力に魅了されることになる。オペラ『イーゴリ公』の男性群舞の迫力。ヴァスラフ・ニジンスキーの驚異的な跳躍と、役柄と溶け合ってしまうかのような独特の表現力。彼のあとには、レオニード・マシーン、セルジュ・リファールらが続く。ここにきて、男性ダンサーは女性の支え手という立場を超えて、彼ら自身の魅力を発揮するチャンスを獲得し、バレエの檜舞台に戻ってきた。やがてその流れの先に、ルドルフ・ヌレエフ、ジョルジュ・ドン、ミハイル・バリシニコフら、二十世紀後半のスターたちの顔が見えてくる。

バレエそのものが多様化し、男性ダンサーが力を発揮できる作品がたくさん出てきたことも見逃せない。バランシン、プティ、ベジャール、マクミラン、ノイマイヤー、キリアンなど、二十世紀の振付家たちの作品は、どれも男性ダンサーの力強さや魅力なくしては語れない。なかでもベジャールやグリゴローヴィチの作品の多くは、男性こそが主役だという強烈なイメージを観客に投げかけた。そして一九八〇年代頃から、これらの振付家の作品が、日本でも頻繁に上演され始めた。世界各国から超一流のダンサーが続々と日本を訪れて、こうした作品を踊ったのである。

この本に登場するのは、この黄金のような一九八〇年代から、二〇〇〇年代のはじめまでの間に日本の舞台を踏んだダンサーたちだ。

汗と熱気で全身を光り輝かせながら『ボレロ』を踊るジョルジュ・ドン。いたずらっぽい笑みを観客に向けて、超絶技巧を連発するデュポン。プティの『カルメン』を踊るデニス・ガニオの洒脱さ。豹のような身のこなしで『海賊』のアリを踊るルジマートフや、パリの洗練を目の当たりに見せてくれる、ルグリやジョゼ・マルティネズの踊り。アントニオ・ガデスが自らの振付作品のなかで披露した鋭利な刃物のような動きもすばらしかったし、英国ロイヤル・バレエの生んだ〈名優〉、アンソニー・ダウエルがさまざまな作品で見せた名演技も、鮮やかな印象となって心に残っている。さらに九〇年代には、ラテン系のアンヘル・コレーラやホセ・カレーニョが活躍し、熊川や首藤など、日本人のスターたちも目覚ましい舞台を見せるようになる。日本はまさに、世界の優れた男性ダンサーが集結する重要な交差点のひとつになっていたのだ。

彼らの活躍で、一般の人々が抱いていた男性ダンサーのイメージは、「ちょっと時代錯誤な王子さま」といったものから、かっこいい、セクシーなものへと一新された。プティ、マクミラン、ノイマイヤーらの作品のなかでは、複雑でドラマティックな表現の魅力も満喫させてくれた。さらに彼らによって、『ジゼル』や『白鳥の湖』のような古典バレエもまた、新鮮で見応えのあるものとして、改めて観客の前に立ち現れた。バレエが決してなよなよとした古くさいものではなく、パワフルで美しく、大人を夢中にさせる魅力がいっぱい詰まった芸術であることを、彼らはその力強い踊りで、はっきりと証明してくれたのだ。

女性ダンサーをないがしろにするつもりはさらさらない。だが、彼らのようなすばらしい男性ダンサーたちの活躍によって、はじめてバレエの魅力に気づいた、あるいは再発見した日本の観客は、決して少なくはないはずである。

二十一世紀、男性ダンサーの容姿やテクニックは、さらに洗練されていくように見える。ロベルト・ボッレやマチュー・ガニオなどは、その代表の一角だろう。他方、女性ダンサーを見れば、シルヴィ・ギエムの出現以来、すらりとした長身、強靭なテクニックを持つ人が格段に増えてきた印象がある。この男女のバランスは、もしかしたらバレエが誕生以来はじめて経験するものかもしれない。そこから何が生まれるのか、見守るのもファンの楽しみのひとつ。「踊る男たち」はいまも、私たち観客にとって、胸をわくわくさせる刺激的な存在であり続けているのだ。

個人差はあれ、男性ダンサーの花の時期は短い。踊る男たちの魅力の核心は、あふれるたくましい生命力と、うらはらの儚さである。無意識のうちにもこの二つのことを感じるからこそ、観客は彼らに強く惹かれる。もしも後悔したくなければ、これぞと思うダンサーの舞台は、あらゆる機会を捉えて観ておかなければならないことも、直感的に知っている。彼の現在の踊りがみごとであればあるほど、観客は彼の未来にも思いを馳せずにはいられない。それは満開の花を眺めながら、いずれ遠くない日に訪れる、花吹雪のことを考えるのに似ている。それを美しいと感じるのは、どこか日本の美意識にも通じる。だとすれば、日本の観客の一人である私が、拙い文章で彼らの最高の時をなんとか書き留めておきたいと願うのも、自然なこととしてお許しいただけるのではないだろうか。

本をまとめるにあたっては、掲載当時の臨場感を優先させるため、あえてあまり修正の手を加えなかった。できる限り実際に観た舞台の印象をもとに、各ダンサーの魅力を紹介しようと務めたが、捉えきれなかったところは多い。写真とあわせて、読者ご自身の記憶の扉を開く手がかりにしていただけるなら、これ以上の喜びはない。

I

VLADIMIR
MALAKHOV
ウラジーミル・マラーホフ

日本の観客を魅了したナルシス

ウラジーミル・マラーホフは、優雅を極めるテクニック、気品のある身のこなしで、いまや世界的なダンスール・ノーブルとして揺るぎない地位を得ている。二〇〇二年にはベルリン国立歌劇場バレエの芸術監督にも就任し、自身で振付・演出も手掛けるなど、オールマイティーな活躍を繰り広げているが、その魅力にはどこか、危ういといってもいいほどの不思議な部分が潜んでいる。むろんそこがファンにとっては、もっとも眩しいところでもあるのだが。

マラーホフの日本での人気を決定付けたのは、一九八九年のモスクワ・クラシック・バレエ来日公演で踊った『白鳥の湖』のジークフリート王子だった。このとき二十一歳、物語の王子とほぼ同じ年齢のマラーホフは、たくましいベテランの男性ダンサーを見慣れた観客を、登場の瞬間にまず驚かせた。小さな頭と胴、長い手脚の、並の女性よりほっそりとした容姿。さらに男性としては可動域の非常に大きい関節と柔軟な筋肉。ふわっと空中に大輪の花を咲かせ、音もなく着地するグラン・ジュテ。速いというより、美しいポーズが残像となって目の奥に残る、おおらかな回転。感受性の鋭さをうかがわせる繊細な表情……。

そんな彼が演じる悲劇の王子ジークフリートは、観客を文字どおり魅了した。カサトキナ＝ワシリョーフ版『白鳥の湖』の王子が、オデットとともに滅ぶ運命を背負っていたことも、儚さをいっそう鮮烈に印象づけたに違いない。この二年後の九一年に収録された『ジゼル』のなかでも、アルブレヒトを踊るマラーホフは、彼自身が妖精のように見えるほどの透明感を漂わせている。

このころの彼の魅力は、少年とも少女ともつかない両性具有性、この時期にしか持ち得ない儚さに加え、とにかく美しい、とにかく視覚的なイメージがバレエの物語にぴったり、ということだったのではないかと思う。『薔薇の精』も『ナルシス』も、その魅力の上にこそ成り立っていた。

そしてそんなマラーホフを最初に発見し、熱烈に支持したのは、日本の観客だった。能の世界の少年美、歌舞伎の女形など、日本伝統の美意識にも訴えるマラーホフの美しさ。七〇～八〇年代に広い読者層に人気を博した萩尾望都や竹宮惠子の少女漫画の影響もあったかもしれない。オペラの世界でマリア・カラスが、運命の女に見るからにふさわしい、ほっそりとした容姿でファンを歓喜させたように、若いマラーホフも期せずして、日本の観客がイメージのなかだけで育てていた美しい王子像を具現してしまったのではないだろうか。

しかしこの時のマラーホフに、宿命的とでもいうような危うさを感じた人も多かったはずだ。まず、時分の花は移ろいやすい。そしてもうひとつ、マラーホフは時としてパートナーの女性よりも繊細で生活感のない存在に見え、そのために彼の出演する舞台では奇妙な「逆転」が起こってしまうのだ。主役バレリーナより男性ダンサーが儚げで美しいなんて、古典バレエの世界ではあり得ない。諸刃の剣のように矛盾した魅力を抱えたマラーホフは成長できるのか。まさに時分の花の最中にあるマラーホフを見守るファンにも、一抹の不安があったことは否めないだろう。

ロシアから世界へのヴォヤージュ

流れを変えたのは、マラーホフ自身の行動力だったのだろうか。彼は九二年に住み慣れたロシアを出て「旅」のなかに自らを置く。ウィーン国立歌劇場バレエのソリストとして活動しつつ、シュツットガルト・バレエ、ミュンヘン・バレエなどに客演。九五年にはさらにナショナル・バレエ・オヴ・カナダ、アメリカン・バレエ・シアター（ABT）とも契約し、ウィーンを含めた三つのバレエ団のプリンシパルとして世界を駆け巡る。この時期の彼の代表的なレパートリーがレナート・ツァネラ振付『ヴォヤージュ（旅）』

である。ひとつのバレエ団をホームグラウンドとして活動するダンサーの多いなか、この活躍ぶりを無茶と感じた人がいたとしても不思議ではない。

しかしこの間に彼が得たものの大きさは測り知れない。収穫のひとつは、コリオグラファー（振付家）との出会いだろう。九八年の「マラーホフの贈り物」のなかで披露されたデヴィッド・パーソンズ振付の『コート』、ナチョ・ドゥアト振付『レマンゾ』などでのいきいきとした演技は、マラーホフの身体がコンテンポラリー作品でも雄弁に語ることを印象づけた。ことにストロボの断続的な光のなかにマラーホフならではの美しいポーズが浮かぶ『コート』は、ダンサーと作品の出会いが双方にとって新しい展開を生むことの端的な証明だろう。

そしてアレッサンドラ・フェリ、イヴリン・ハートら、「逆転」の起こるべくもない優れた容姿と芸術性を備えた女性ダンサーたちとの出会いも、彼を確かに変えた。彼女たちと踊るなかで彼の感性はますます磨かれ、古典バレエ、とりわけ感情表現が鍵となるロマンティック・バレエや二十世紀ドラマティック・バレエで、大きく開花したのだ。

「ロマンティック・バレエが好きなんだ。自分に近いように感じる。スタイルもそうだし、ステップもまるで泳いでいるみたい。ときどき、音楽や振付にあまりにも入り込んでしまって、息ができないほど」

これは二〇〇二年のインタビューでのマラーホフの言葉だが、まさにこの通りのことを感じさせたのが、九九年と二〇〇一年にそれぞれ斎藤友佳理、ジュリー・ケントと踊った東京バレエ団の『ジゼル』だ。

第一幕でアルブレヒトは、ジゼルへの純愛を、踊りの間も恋人から離れぬ視線にこめて、ひたすらに訴えかける。ジゼルの死を知ったときに見せる悲しみは、狂乱にも似た激しさだ。第二幕の白眉はウィリたちの前で見せる空気に後押しされているかのようなブリゼ、そして跳躍に次ぐ跳躍の果てに力つき倒れる瞬間の、片手を天に向かって伸ばした圧倒的なピルエット。幕切れ、ジゼルを離れ、虚しく宙を彷徨うマラーホフの視線が心を打つ。ジゼルの姿は朝の光に溶け、もう彼の眼には見えないのだ。

「ラ・バヤデール」ディアナ・ヴィシニョーワと（ベルリン国立バレエ　2005年）© Hidemi Seto

「コート」（マラーホフの贈り物　2004年）© Hidemi Seto

これらの演技や解釈は、以前の彼がしていたものと基本的に変わらない。相変わらずマラーホフの動きは軽やかに美しく、他の誰にも真似できないほど深く、幻想の世界にのめりこんでゆく。しかし感動した。演技の一つひとつはジゼルへの深い愛情と哀しみに裏打ちされて、以前のように彼自らがはかない妖精に変容してしまうことはなかったのである。

アルブレヒトがそのように重厚ささえ感じさせるようになったいっぽうで、ロミオを演じる彼のいきいきとした瞳は、まさに思春期の少年そのものだ。九九年のABT来日公演で、明るい色の髪をなびかせたロミオが、華奢なケントと絡み合いながらマクミランの悲劇の濁流に呑まれていくさまはとても美しく、また痛ましかった。二〇〇二年にシュツットガルト・バレエのクランコ版で演じたロミオは、作品の持つ明るさを映し込んだような無邪気な若者。バルコニーや舞踏会で、恋人の姿だけをひたすら追い求めるまなざし、ティボルトに燃やす突然の激しい敵意などが、いまも心に残る。

この他、やはりABT来日の折に観た『ラ・バヤデール』のソロル役も印象的だ。勇敢な戦士でありながら二人の美女の間で揺れ動く主人公ソロルは、ご存じのように現代の男性が魅力的に演じるのがむずかしい役。が、マラーホフが眉間に苦悩のしわを寄せ、寺院の前で絶望に天を仰ぐと、この人物がじつに自然に、共感できる男性に見えてくるのだ。

時代背景も性格も多種多様な役のなかに、何の抵抗も感じさせずにするりと入っていく力は、彼ならではのものだろう。これからぜひ観たいと思うのが、クランコ振付『オネーギン』のタイトルロールだ。これまでは若く純粋なレンスキーがはまり役とされてきたが、これからは外見も表現力もますます深みを増すはず。もともと『ドン・キホーテ』のガマーシュや『海賊』のランケデムなど、一癖ある役にも定評のある彼のことだ。魅力的なオネーギンになるに違いない。将来、あのアンソニー・ダウエルのように、生気あふれるカラボスやハイ・ブラーミンを演じる彼も観てみたいというのは、ちょっとマニアックな願いかもしれないが……。

マラーホフはマラーホフ

二〇〇三年五月の東京バレエ団『眠れる森の美女』第三幕で、十八歳のポリーナ・セミオノワをエスコートして舞台に登場したマラーホフは、抑えた演技の端々に「完璧な王子さま」の香りを漂わせていた。のびのびとしたプロポーションのセミオノワを前面に押し出すように、一歩下がって優しく見守るデジレ王子。セミオノワのポーズがいちばん美しく見えるポイントにそっと手を導き、二人同時に笑顔を観客に振り向ける絶妙のタイミング。相変わらず柔らかいヴァリエーションでの跳躍。幸福感あふれる舞台の余韻は、まだ記憶に新しい。二〇〇一年にはマリインスキー国際バレエフェスティバルに参加してロシアへの凱旋を果たし、マラーホフの旅はいよいよ大団円に差しかかっているようにも見える。

だが、と思うのだ。

マラーホフはほんとうに「変わった」のだろうか？

女性よりも儚げで美しかったジークフリートやアルブレヒトの、バレエの常識を覆しそうな危うい魅力は、彼が成熟したダンサーになるとともに消え去ったのだろうか？

いや、やはりマラーホフはマラーホフだ、と感じて秘かに嬉しくなったのは、九七年と二〇〇〇年の世界バレエフェスティバルの各々のガラで彼が踊った『グラン・パ・クラシック』と『瀕死の白鳥』を観たときのこと。一瞬「オリジナル」のシルヴィ・ギエムかと見まごうほどの磨かれたラインと柔軟さを見せた前者。波打つ腕や柔らかい背中が、驚くほど美しかった後者。どちらも余興と割り切って観るには、あまりにも魅惑的、衝撃的で、マラーホフがおどけた表情を見せることさえなければ、とても笑うどころではなかった。正統派のバレエに慣れて、新鮮さを失いがちな心の虚をついてどきりとさせてくれる、あの最初の頃の危うい魅力は、マラーホフのなかに、いまもちゃんと生きているのだ。

そんな彼が、もしも女性として生まれていたら、と考えてみる。やはり表情豊かな、すばらしいバレリーナになっていただろうか。もしそうなら、観客にとってはどちらが幸運だったのだろう。本人にとっては？
……よけいなお世話には違いない。

ウラジーミル・マラーホフ

一九六八年一月七日、ウクライナのクリヴォイログに生まれる。四歳からバレエをはじめ、十歳でボリショイ・バレエ学校に入学、名教師ピョートル・ペーストフの指導を受ける。八五年バレエ学校の日本公演で初来日。八六年に卒業し、モスクワ・クラシック・バレエにソリストとして入団。八九年モスクワ劇場専門学院のバレエ教師コースを修了。八六年ヴァルナ国際バレエコンクールでグランプリ、八八年全ソ連コンクールで第一位とモダンダンス特別賞、八九年モスクワ国際バレエコンクールで金賞を受賞。

九二年ロシアを離れ、ウィーン国立歌劇場バレエのファースト・ソリストに。九四年世界バレエフェスティバルに初出演。同年ナショナル・バレエ・オヴ・カナダ、九五年アメリカン・バレエ・シアターのプリンシパルとしても契約。このほかシュツットガルト、ベルリンなど世界のバレエ団で活躍する。

九九年にウィーン国立歌劇場バレエで『ラ・バヤデール』を演出。〇一年に同団で『仮面舞踏会』も手掛けた。〇二年秋にベルリン国立歌劇場の芸術監督に就任。十二月には自身の版による『ラ・バヤデール』に主演。〇四年には自身による新演出『シンデレラ』を発表。〇四年九月、ベルリンにある三つのバレエ団を統合したベルリン国立バレエの芸術監督に就任。〇五年六月には同バレエ団を率いて来日公演を行った。九六年から自らのプロデュース公演「マラーホフの贈り物」を行っている。

MANUEL
LEGRIS
マニュエル・ルグリ

マニュエル・ルグリを観るたび、ますます充実していくその踊りに驚かされる。たとえば『眠れる森の美女』でオーロラ姫をエスコートするデジレ王子の、威厳に満ちた佇まい。ノイマイヤーやプティなど、演劇的要素の強い作品での、躍動感ある動きと深い表現力。バランシンやキリアンの物語のないバレエでも、正確かつ流麗な動きで、すばらしく純度の高い美の世界に観る者を誘う。テクニックも表現力も「今こそが最高の時期」という評価を、もう十年近くも受け続けているのではないだろうか。

それらのパフォーマンスを支えているのが、均整のとれた容姿、気品、パリ・オペラ座で身につけたアカデミックなテクニック、そして作品への深い理解と表現だ。ジャンプでも演技力でも、何かひとつ飛び抜けているダンサーはそれだけで華やかだが、ルグリの場合は、すべての要素が驚くほど高いレベルで共存している。完璧な調和を実現したダンサー、当代一のダンスール・ノーブル。彼を讃える言葉は数知れない。

ヌレエフに見出されて

ルグリが生まれたのは意外にも、バレエとは関係のないごく普通の家庭だった。父はエンジニア、母は主婦。三人の兄姉もダンスには無縁だったが、小さな頃から踊るのが好きだったルグリは、五歳の頃、自ら両親に頼んでバレエを習い始める。十一歳で入学したオペラ座バレエ学校では、本人の言葉によれば「おとなしくて目立たない」生徒だったそうだ（DVD「エトワールへのみち」）。悪ふざけのし放題で退学すれすれだったパトリック・デュポンとは正反対の優等生ぶりが目に浮かび、いかにも、と微笑ましい。

だが無論、その資質と才能は早くから人々の目に留まっていた。八〇年、ふつうより一年早い十五歳でオペラ座バレエに入団した彼は、翌年コリフェ、さらに一年後スジェへと順調な昇進をとげる。そして当時芸術監督として腕を振るっていたルドルフ・ヌレエフと出会う。八三年、ルグリはヌレエフによって、ローラン・イレールとともに『ライモンダ』の二人の少年役に抜擢され、期待に応えるみごとな踊りを披露。同じ年のうちにジャン・ド・ブリエンヌに起用され、鮮やかに主役デビューを果たした。ヌレエフはニューヨーク公演の際にも当日指名してルグリを『白鳥の湖』に主演させている。この時のことについて、「すてきなプレゼントだった」というルグリに、ヌレエフが笑いながら「プレゼントなんかじゃない。君が実力で勝ち取ったんだ」と答える場面が、DVD「ダンサーズ・ドリーム『ライモンダ』」のなかにある。

慣例にとらわれずリハーサルや人材登用に意見を通すヌレエフは、ときに団員やスタッフとの間に緊張を生むこともあったが、彼によってルグリをはじめイザベル・ゲラン、エリザベット・モーラン、シルヴィ・ギエムやニコラ・ル・リッシュら才能あるダンサーたちが活躍の場を与えられ、パリ・オペラ座バレエが大いに活気づいたことは疑いない。ルグリはクロード・ド・ヴュルピアン、ノエラ・ポントワなど舞台経験豊富な先輩エトワールたちと組んで踊って実力を磨き、八六年七月、ニューヨーク公演でエトワールに指名される。プルミエ・ダンスールの地位を飛び越えての、それは劇的な昇進だった。

ここからの活躍は、バレエ・ファンなら誰もが知っている。ルグリはパリ・オペラ座バレエの代表的レパートリーのほとんどを踊るとともに、フォーサイス、ベジャール、ノイマイヤー、キリアン、サープ、マクミランなど、さまざまな振付家の作品をパリ・オペラ座において初演する。ミラノ、ロンドン、日本など、他国のバレエ団にもしばしば客演しているのは周知の通りだ。

男性ダンサーの理想型

一九八六年にはパリ・オペラ座バレエの来日公演で『ロミオとジュリエット』の主役を踊っているが、記憶にあるのは、エトワール昇進後間もなく行われた「デュポンと輝ける仲間たち」に登場したルグリだ。

白い肌に明るい色の目と巻き毛、ほっそりとした、まさにプリンスのようなダンサー。やはり若きエトワールとして世界中の注目を集めていたシルヴィ・ギエムと踊った『グラン・パ・クラシック』は、すべてのパが光の粉でもまぶしたように際立ち、輝いていた。溜息の出るほど美しく正確無比な踊りは、当時の観客の間でも語り草になった。

八〇年代から九〇年代といえば、日本ではデュポンやドンなど、いわゆるダンスール・ノーブルの枠に収まりきらない男性ダンサーが脚光を浴びていた時期。そのなかでルグリは、どちらかといえば繊細な印象を与えたが、精緻なテクニックやノーブルな雰囲気に、まずバレエをよく知る観客の注目が集まった。

八八年には初めて世界バレエフェスティバルに参加、このときもギエムと『グラン・パ・クラシック』を披露している。九二年のパリ・オペラ座バレエ公演ではフォーキンの『薔薇の精』を踊り、ニジンスキーを彷彿とさせる柔らかな腕使いと優美なジャンプで、大いに注目された。

九五年の『ドン・キホーテ』主役バジルは、果たして優雅な雰囲気のルグリに合うのだろうかと危惧したが、蓋を開けてみれば緩急自在の踊りのテクニックが冴え渡り、甘いルックスと相まって実に魅力的なバジルが誕生していた。この華やかさは当時のルグリの大きな魅力で、翌九六年の「ルグリと輝ける仲間たち」で彼が踊った『スターズ・アンド・ストライプス』などの作品にも自ずとにじみ出、独特の甘い雰囲気を会場にふりまいていたのが忘れられない。

少女漫画に出てきそうな二十代の「美しい」ルグリも魅力的だったが、彼の真価が本格的に現れるようになったのは、三十代となったこの頃からである。おそらく日本の観客の多くも、この頃の彼に男性ダンサーの理想のイメージを発見していったのではあるまいか。

この年東京バレエ団の『ジゼル』でアレッサンドラ・フェリと共演したルグリは、あいかわらず端正で優しい風貌に大人の陰影が加わったようにみえた。凛とした威厳のある身のこなしが、青年貴族にふさわしい。決してまわりも見えずにジゼルとの恋にのめりこんでいったのではないと感じさせる分別のある表

「椿姫」オーレリ・デュポンと（第 11 回世界バレエフェスティバル　2006 年）© Hidemi Seto

「スプリング・アンド・フォール」（ルグリと輝ける仲間たち　1996 年）
© Arnold Gröschel

「マノン」モニク・ルディエールと（第 6 回世界バレエフェスティバル
1991 年）© Kiyonori Hasegawa

情が、アルブレヒトにほろ苦い影を、ドラマに格段の厚みを与えた。

そして、さらに深いルグリの魅力を発見させてくれたのが、プティやノイマイヤーとの仕事である。特に印象深いものの一つが、九七年の世界バレエフェスティバルでの『アルルの女』だ。演じられるのは結婚の夜のヴィヴェットとフレデリ、そして終曲のファランドール。プティの美神、ドミニク・カルフーニとルグリの並んだ後ろ姿で幕が上がると、大きな拍手が沸き起こる。

静かなメヌエットの流れるなか、思わずじっとオペラグラスを覗き込む。カルフーニ演じるヴィヴェットが優しい誘いを繰り返すが、観客に向かって佇んだルグリの瞳はあてどなく宙を彷徨っている。ほとんどその場を動かないルグリの表情から目が離せないのだ。ヴィヴェットの哀しみ、フレデリの苦悩が、二人の抑えた動きのなかですれ違う。こまやかなルグリの演技から、聞こえないはずのフレデリの言葉があふれてくるようだ。やがて遠くから、早鐘のように響いてくるファランドールのリズム。舞台は静から動への転換点を迎え、ルグリの演技も変わる。舞台の斜め奥から次第に歩幅を増して進んでくる、突き刺さるようなジュテの連続。マネージュ、そしてすべてを終わらせる渾身のジャンプ！

この集中力は、九六年にモニク・ルディエールと踊った『椿姫』にも惜しみなく注ぎ込まれた。黒衣のマルグリットと、その訪問を受けるアルマンのパ・ド・ドゥ。全幕の終わり近く、恋人たちが複雑にこじれた相手への思いを踊りに託して、観ているだけで痛みを感じるようなデュエットを演じるのだ。表現されるのは『アルルの女』のフレデリのように彼方へ向かって爆発する思いではなく、内へ内へと向かい、相手も自分も深く傷つける情念。相手の身体を回し、リフトし、ときに荒々しい激しさで踊るルディエールとルグリの踊りは、一瞬も目を離せないほどすばらしかった。

ルディエールとの名舞台

パリ・オペラ座時代のギエムをはじめ、イヴリン・ハートやフェリともすばらしい共演を見せてきたルグリだが、彼にとってもルディエールはやはり特別な存在だ。

「モニクは間違いなくぼくの最高のパートナーです。彼女とは何もいう必要がないのです。ただ一緒に舞台に立てばいい。感性、やり方、音楽性、すべて同じなのです」

『ヌアージュ』や、『ロミオとジュリエット』『チャイコフスキー・パ・ド・ドゥ』他、その言葉を裏付けるような名舞台も多い。

そんな二人の舞台のなかでも圧巻だったのが、二〇〇〇年に踊ったロビンズ振付の『アザー・ダンス』。舞台上のピアノが奏でるショパンの曲に乗り、淡い色の衣裳に包まれた二人の身体が流れるように動き、時おりふざけ合ってでもいるように手を繋いで跳ね上がり、なおもなめらかに舞う。

バレエとは、こんなにも「柔らかく」なるものなのか、とその時思った。身体の柔軟さのことではない。女性がポアントを履き、それを力強い男性が支える、というバレエには、どこか西洋の石造りの建築に似たイメージがあった。どんなに優しげに見えるパ・ド・ドゥも、互いがくっきりと確立していなければ成り立たない、という思いがあった。だがこの時の二人の踊りは、それぞれが完全でありながら、まるで練絹。時間をかけて着ならした衣のように、お互いが柔らかく寄り添って、寒い隙間などどこにもない。未熟なひとりの観客は、こういう境地がバレエにある、と改めて確認し、それを目の前に観ていることに心からの嬉しさを感じたのだった。

充実した極みにあるルグリ

「最近ぼくはテクニックから解放されて、舞台の上でリラックスでき、最高のものを出せる。……身体・精神両面で成熟してきた。この期間が長続きしないことはわかっています。だからこそ、これからの二、三年を大切にしたい」（「ダンスマガジン」二〇〇〇年五月号）

ルグリはこう語り、ダンサーはキャリアに応じた作品を踊るべき、とも明言する。それは暗に、踊れる限りは舞台に立とうとした恩師ヌレエフと同じ道は歩かない、という意思表示にもとれる。はっきりとした美意識と愛情をバレエに対して持つ彼が『若者と死』『アポロ』という二つの傑作のオファーを受けながら、踊らなかったというのも有名な話。人望や統率力、作品選びや構成のセンスは、一連の「輝ける仲間たち」公演でも十分に証明済みだ。そんなルグリに、将来のパリ・オペラ座バレエ芸術監督を期待する声も高い。

しかし観客にとって嬉しいことに、それは当分先の話になりそうだ。なぜならルグリのダンサーとしての「最高の期間」はまだまだ続くのだから。二〇〇二年のパリ・オペラ座バレエ来日公演の『ジュエルズ』で「ルビー」で軽快なステップを踏むルグリは、共演した誰よりも若々しく輝いていた。オーレリ・デュポンとのパートナーシップも、日々滑らかさを増している。またプティがソロ版『カルメン』を、ベジャールが『四重奏のフレーズ』を彼のために振付けるなど、充実の極みにあるルグリは、振付家にとってもますますインスピレーションを刺激する存在なのだ。今年（二〇〇四年）も間もなく彼の公演が開幕する。今度はどんなすばらしい踊りを見せてくれるのだろう。期待はまたもや高まってゆく。

マニュエル・ルグリ

一九六四年十月十九日パリ生まれ。七六年パリ・オペラ座バレエ学校に入学。八〇年パリ・オペラ座バレエに入団する。八一年コリフェ、八二年スジェに昇格。八六年七月十一日、ニューヨークでの『ライモンダ』公演終了後、プルミエ・ダンスールの地位を経ずに、芸術監督ルドルフ・ヌレエフにより、エトワールに任命される。

オペラ座を代表するダンサーの一人として、古典から現代作品まで幅広く活躍。ルグリに振付けられた作品には、ノイマイヤーの『シルヴィア』『スプリング・アンド・フォール』『シンデレラ物語』、キリアンの『優しい嘘』『扉は必ず…』、ベジャールの『四重奏のフレーズ』などがある。二〇〇五年には、シュツットガルト・バレエ日本公演に客演、クランコの『オネーギン』の初主演を果たした。

初来日は一九八四年大阪の世界バレエ・コンペティション。日本での全幕初主演は八六年パリ・オペラ座バレエ日本公演『ロミオとジュリエット』。一九八八年の第五回から世界バレエフェスティバルに連続出演。一九九六年より自らのグループ公演を行い、プロデュース能力も高く評価されている。

引き締まった身体が、いったん床を蹴って宙に舞えば、誰よりも高くスケールの大きな軌跡を描く。ぴたりと軸の定まったピルエットは、スピードを緩めてもさらに二回、三回と続く。どんな複雑な動きも涼しげな表情でらくらくとこなし、舞台狭しと躍動する熊川哲也の踊りは、いつ見ても爽快な驚きを感じさせてくれる。

現在はKバレエカンパニーの芸術監督とプリンシパルを兼任し、自ら振付も手がける他、『ジゼル』『白鳥の湖』など、古典全幕作品の新演出でも並ならぬセンスを見せる熊川。二〇〇三年にはバレエ・スクールも開校し、その多忙ぶりは想像を絶するが、切れのいい踊りはあいかわらずだ。むしろ、リーダーとしての存在感が冴え渡るテクニックに微妙な陰影をつけ加え、踊りの厚みをぐっと増しているように見える。

北海道からロンドンへ

熊川が「北海道生まれのロンドン育ち」であることは、今やバレエ・ファンの常識のようなものだ。旭川で生まれ、十歳のとき札幌でバレエを始めた彼は、英国ロイヤル・バレエ学校への留学のため、十五歳で単身イギリスへ渡る。技術のレベルが高かったので最初からアッパー・クラスに編入されるが、ものおじしない彼は、肌色も育った文化も違う年上の生徒たちのなかでも畏縮することはなかった。彼の自伝『メイド・イン・ロンドン』(文藝春秋)によると、先生に反発したり授業をさぼったり、「後にも先にもテツヤ以上のノーティ・ボーイ(悪ガキ)はいない」と学校スタッフを嘆かせたそうだが、このときの経験が現在の熊川をつくる基礎となったのは間違いない。ローザンヌ国際バレエコンクールに参加し、東京で行

前ページ:「ドン・キホーテ」(K-BALLET COMPANY　2005年) © Jin Kimoto

われた準決選と決選を制して、日本人として初めての金賞を受賞したのは、この留学中のこと。バジルのソロを踊る彼のはつらつとした演技に、禁じられていた拍手と歓声がわきおこったというのは有名なエピソードだ。

コンクール前に当時の芸術監督アンソニー・ダウエルのオファーを受けていた熊川は、この金賞を手土産にロイヤル・バレエに入団。アーティスト（コール・ド・バレエ）の時から多くのソロ・パートをまかされ、水を得た魚のようにいきいきと活躍を始めた。入団した年の夏にはロイヤル・バレエ史上最年少でソリストに昇進。ケネス・マクミランの大作『パゴダの王子』の道化役を初演する他、『シンデレラ』の道化や『マノン』のベガー・チーフ、『ラ・バヤデール』のブロンズ・アイドルなどをつぎつぎに踊る。足の怪我で半年ほど休養を強いられた以外は、順調に活動を続け、入団四シーズン目の九三年には、早くもプリンシパルの座に駆け上がる。もちろん、日本人ダンサーとして初めてのことだ。

十代から二十代のはじめにかけての彼の踊りには、「全身がバネのよう」という言葉がそのまま当てはまる。なかでも強烈な印象を残しているのは、九二年のロイヤル・バレエ来日公演で彼が踊ったブロンズ・アイドルだ。『ラ・バヤデール』第三幕の幕が上がると、ソロルとガムザッティが結婚式を挙げる寺院の階段に、全身を金色に塗った熊川が座っている。おもむろに階段を下り、ほとんど構えるふうもなく宙に跳び上がると、広い会場が息を呑む。金色に輝く身体で彼が見せるジャンプは、まさしく空を飛んでいるよう。驚くほどゆったりと滞空時間が長いその跳躍と、奇跡のように安定したピルエットを、観客は拍手するのも忘れて見守った。いま思えば当時彼は二十歳、ちょうどダンサーとしての身体ができあがり、若い力があふれんばかりに漲り始めた時だったのだろう。

九三年、九四年には青山バレエフェスティバルに参加して『パキータ』などの抜粋を踊った。九七年のロイヤル・バレエ来日公演では、『プッシュ・カムズ・トゥ・ショヴ』『シンフォニー・イン・C』などを披露するほか、『ドン・キホーテ』全幕の主役をリャーン・ベンジャミンと踊る。ともに機敏でテクニックに優れた二人は、目くるめく技の競演を展開。若々しい恋物語を彩る、つむじ風のようなスピード感に満ちた踊りを、楽しく思い出される人もいるかもしれない。

この年、彼はさらに二つの全幕バレエの主役を日本のファンに披露した。ロイヤル・バレエでは観られなかった『ジゼル』のアルブレヒトと『眠れる森の美女』のデジレ王子である。ボリショイ・バレエのゲストとして踊ったアルブレヒトの落ち着いた演技も新鮮だったが、新国立劇場の開場記念公演で踊った『眠れる森の美女』のデジレは、ダンサーとしての成熟ぶりを観る人に強く印象づけた。同じロイヤルで活躍する吉田都の典雅な踊りを的確にサポートした熊川は、会場を埋めるファンやバレエ関係者に、世界を舞台に活躍するダンサーの実力とオーラを余すところなく見せたのだった。

メイド・イン・ロンドン

ひとりのダンサーとしてのサクセス・ストーリーなら、ここで「上がり」の文字が打たれるかもしれない。だが熊川は、さらに先へと歩みを進める。その前触れとなったのが、彼が自らプロデュースした公演「Made in London」だ。その一回目となった九六年のオープニングは忘れられない。満員の東京厚生年金会館大ホール、客席の後方から現われた熊川は、風のように通路を駆け抜けると、ぽーんとステージへと跳び上がった。思いがけないところからの主役の登場に会場の緊張がほぐれたところへ、熊川とロイヤル・バレエの仲間たちの男っぽい魅力を前面に押し出したダンスや、誰もが知っている古典バレエのパ・ド・ドゥがテンポよく展開する。

「バレエは決して堅苦しいものじゃない、さあ、楽しもう！」という明確なメッセージが、そこにはあった。スター・ダンサーを中心にした公演は珍しくないが、ここまで「今、誰に、何を見せたいのか」をはっきりと打ち出したリーダーはいなかったのではなかろうか。その思いが観客に伝わったことを証明するように、「Made in London」は九七年、九八年と、公演のたびにソールド・アウトを続けた。

「ラプソディ」(ロイヤル・バレエ　1995年) © Leslie E. Spatt

ロイヤル・バレエ「ミスター・ワールドリー・ワイズ」のリハーサル。トワイラ・サープと(1995年) ©Laurie Lewis

「ドン・キホーテ」(第17回ローザンヌ国際バレエコンクール　1989年) © Hidemi Seto

大ブランドであるロイヤル・バレエを離れ、自らのバレエ団を起こすことは、熊川にとっても大きな賭けだったに違いない。だが、いつかはバレエ団を巣立たなければという思いは、何年も前から彼のなかに育っていたにちがいない。なぜならダンサーには宿命がある。いつかは体力の限界がくる。ピークの状態で踊れる時間は限られている。自伝のなかで、当時の心境を、彼はこう振り返っている。

「そう、今こそ、自分は変わるべきときを迎えているのだ。そして、そのタイミングは〝今〟しかない。三十歳を過ぎ、知らぬ間に守りの姿勢に入り、決断力が鈍ってからでは遅いのだ」(『メイド・イン・ロンドン』)

九八年、熊川は二十六歳で十年間親しんだ英国ロイヤル・バレエを離れ、新たな道へと踏み出した。翌年Kバレエカンパニーを創立、芸術監督とプリンシパルを兼任することを発表。「Made in London」の楽しさに、アシュトン、プティなど本格的なクラシック・バレエの作品を観る醍醐味を加えたプログラムで、新カンパニーのスタートを切る。

ダンサーと芸術監督の兼任は並み大抵のことではないだろう。単に激務というだけではなく、カンパニーを運営する努力は、表現者としての才能をすり減らしてしまうことさえある。だが、熊川は驚くべき力を見せる。芸術監督として多くのダンサー、スタッフをまとめながら、自身の創作や古典全幕バレエのリメイクを精力的に手がけ、さらにダンサーとしても以前に増した輝きを見せ始めたのだ。

そんな舞台のひとつが九九年秋、Kバレエカンパニーとして二回目の公演で上演された『シンフォニック・ヴァリエーションズ』。それまで比較的軽めの作品が多かった彼の公演に登場した、初めての本格的なアシュトン振付作品だが、幕開きから熊川の静かな気迫が舞台に満ちる。白い衣裳に身を包み、ゆっくりと観客に向かって歩いてくる熊川。ゆったりとした動きと落ち着いた表情で、観客を作品の世界に引き込んでゆく。ヴィヴィアナ・デュランテやマイケル・ナンら、実力者ぞろいの共演者の中心で踊りをまとめる存在感もみごとだ。超絶技巧ではなく、すみずみまで神経の行き届いた踊りでがっしりと作品を支える熊川は、カンパニーのリーダーとしての頼もしい力を感じさせた。

Kバレエのレパートリーの柱のひとつとなったプティ作品でも、彼の新しい魅力が現れる。プティが熊川のために振付けた『ボレロ』は、全編がソロ。動く歩道がふしぎな効果を生む冒頭から、激しい動きの連続で盛り上がるラストまで、すべての視線が熊川の動きに集中するというハードな作品だ。白いランニング、黒のパンツに身を包んだ熊川は、満場の注目をたったひとりで受けて立つ。徐々に分厚さを増すオーケストラの音の波のなかでひらめく身体は、鋭利なナイフを思わせる美しさに満ちていた。

傑作『カルメン』では、デュランテとともに男女のデュエットの魅力を存分に見せる。そして二〇〇二年に初挑戦した『若者と死』。バビレ、ヌレエフ、バリシニコフと、世界的ダンサーに踊り継がれてきた作品で、彼は独特の鋭く研ぎ澄まされた動きを見せる。全身全霊をこめたジャンプが、あまりにも美しく空を切り裂く。彼の言葉とは裏腹に、三十代に入ってもその動きは衰えるどころかますます冴え渡っているように見えるが、それがなぜか反対に不思議な哀しみをかき立てる。二〇〇四年の再演では、相変わらず美しい動きのなかにも青年の苦悩が色濃く刻まれて、より深い感動が心を満たした。

カンパニーの成功をさらに確かなものにしたのは、二〇〇一年の『ジゼル』に始まる古典全幕バレエの新演出・改訂だろう。古典の風格と現代的な感性が見事にマッチした舞台は、筋金入りのバレエ・ファンと初心者、どちらの心にも、素直に沁みる感動をもたらした。彼は『眠れる森の美女』『白鳥の湖』でも一貫してそのスタイルを貫き、自ら演出した作品のなかで、堂々として気品にあふれる王子を演じた。そこには自ずと、カンパニーのリーダーという現実の彼の姿が重なる。ローザンヌ・コンクールでセンセーショナルに登場した頃を思い出すと、なんとも感慨深い。あの、ちょっぴり生意気そうに微笑んでいた少年から、誰が現在の彼を想像できただろう。

熊川はよく、常に変わってゆく自分を見てほしい、という言葉を口にする。この数年で、その言葉の意味がいかに大きいかを、多くのバレエ・ファンが実感したに違いない。熊川はいま、『パッシング・ヴォイス』をはじめとする創作でも、才気を見せている。二〇〇四年五月には、彼が次に手がけるバレエ『コッペリア』

の上演が控えている。さらに七月には、ニューヨークのリンカーン・センターで行なわれるアシュトン生誕百年記念公演に、ロイヤル・バレエやバーミンガム・ロイヤル・バレエと並んでKバレエカンパニーが参加することも決まった。演目は『ラプソディ』。……彼の飛翔は、いったいどこまで伸びていくのだろうか。

熊川哲也

一九七二年三月五日、北海道生まれ。十歳でバレエをはじめ、一九八七年、英国ロイヤル・バレエ学校に留学。一九八九年ローザンヌ国際バレエコンクールで日本人初のゴールドメダルを受賞。同年、東洋人として初めてロイヤル・バレエに入団。同年、バレエ団史上最年少でソリストに昇格。一九九三年五月、バリシニコフ版『ドン・キホーテ』を踊り、芸術監督アンソニー・ダウエルよりプリンシパルに任命される。一九九六年から九八年にかけて、日本でプロデュース公演「Made in LONDON」を開催。

一九九八年ロイヤル・バレエを退団。翌一九九九年、Kバレエカンパニーを創立し、日本に未曾有のバレエ・ブームを巻き起こす。アシュトンの『シンフォニック・ヴァリエーションズ』『ラプソディ』、プティの『カルメン』『若者と死』、マクミランの『三人姉妹』、自身の演出・再振付による『ジゼル』『眠れる森の美女』『白鳥の湖』『コッペリア』『ドン・キホーテ』『海賊』などを上演。自らの振付作品には、『ウォルフガング』『パッシング・ヴォイス』『ソリチュード』『ベートーヴェン　第九』などがある。二〇〇四年、ニューヨークのリンカーンセンターフェスティバルに招かれ、メトロポリタン歌劇場でアシュトン振付『ラプソディ』を踊る。二〇〇六年には、上海大劇院で『ドン・キホーテ』を上演した。二〇〇五年芸術選奨文部科学大臣賞を受賞。

NICOLAS
LE RICHE
ニコラ・ル・リッシュ

「アルルの女」の衝撃

一九九九年の「フランス・バレエのエトワールたち」初日でのニコラ・ル・リッシュの演技は、今も忘れられない。アクシデントによって演目がカットされたため、結果的にその日の最後を飾ることになったのが、ル・リッシュとクレールマリ・オスタの踊る『アルルの女』だった。ビゼーの音楽にのせたプティの振付は、幼なじみのヴィヴェットとフレデリの婚礼から、アルルで会った女への想いを断ち切れないフレデリがついに窓から身を投じるまでを描いているが、この日上演されたのはその後半の場面である。

幕が開くと同時に、何かが起こりそうな予感がした。ル・リッシュのすっくと立ったシルエットは、傍らのオスタより二回りも大きく力強いが、その表情は完全に放心した人間のそれだ。たゆたうような「メヌエット」の流れる間、新妻のヴィヴェットがいくら全身でフレデリに語りかけても、抜け殻のような反応しか返ってこない。ここにあるのはフレデリの身体だけ。心ははるか彼方の別の女にとらわれたままなのだ。

終曲の「ファランドール」で、フレデリの心はついにヴィヴェットを、現実を決定的に離れ、止めようもない輪舞へと突き進んでゆく。舞台を斜めに突っ切るグラン・ジュテ、そしてマネージュ。恐怖さえ感じる勢いで、踊りがスピードを増していく。フレデリが窓から身を投げるラスト・シーンで、ダンサーは通常、舞台の後方へジャンプする。が、そこにいつもある窓がない、と思った次の瞬間、彼は前方へ、観客に向かって跳んだのだ。空のオーケストラ・ボックスの上に、一瞬ル・リッシュの身体が大きく躍り、

前ページ：「アルルの女」（フランス・バレエのエトワールたち 1999年）© Hidemi Seto

そして消えた。それはフレデリの狂気の頂点だったと同時に、ニコラ・ル・リッシュというダンサーが観客の心にある「窓」を突き破り、そのなかへまっすぐに飛び込んだ瞬間だった。

二十一歳でエトワールに

今年三十一歳、若々しい青年の表情をたたえた小さな顔の下には、力強い筋肉で覆われたスポーツ選手のような身体がある。量感のある長身は力強さとともに重みを感じさせるが、その身体がいざ空中に跳び上がるありさまには、大きな鳥が羽ばたくような迫力がある。ひと昔前に比べて、ほっそりと優美な男性ダンサーがぐんと数を増した現在のバレエ界で、ル・リッシュは数少ないタイプの踊り手といえるかもしれない。

一九七二年、パリ郊外のサルトルーヴィルに生まれたル・リッシュは、十歳のときパリ・オペラ座バレエ学校に入学する。パリ・オペラ座バレエ学校の生徒たちをとらえたドキュメンタリー「エトワールへのみち」のなかに、上級のクラスでヴァリエーションやパ・ド・ドゥのレッスンを受けるル・リッシュの姿があるが、顔こそあどけないものの、抜きん出て伸びやかな身体とダイナミックな動きが、いかにも将来有望な生徒という印象だ。

八八年に十六歳でパリ・オペラ座バレエに入団し、八九年にコリフェ、九〇年にスジェ、九一年にプルミエ・ダンスールと順調に昇格を重ね、九三年には二十一歳の若さでエトワールに任命された。その翌年、九四年の世界バレエフェスティバルで、同じパリ・オペラ座バレエのマリ=クロード・ピエトラガラと踊った『ドン・キホーテ』のパ・ド・ドゥは、日本のバレエ・ファンの間で語り草となる。触れれば切れそうな気迫とみごとなテクニックで迫るピエトラガラに、大きなジャンプとスピード感あふれる演技で応える若きル・リッシュ。この舞台で彼の名を脳裏に刻んだ人も多かったはずである。

持ち味である爆発的なパワーゆえ、すばらしい舞台を見せるいっぽうで怪我も多いが、ル・リッシュの会心の舞台を一度でも目にした観客は、その迫力に魅了されてしまう。もう一度あの感動を味わいたい、その一心で劇場に通い続ける人が、どれほどたくさんいることだろうか。

プティが愛するダンサー

むろんル・リッシュの魅力が並外れたパワーばかりでなく、役に飛び込む驚異的な集中力や、深い内面の表現にもあるのはいうまでもない。そんな彼の魅力を育てたもののひとつは、パリ・オペラ座バレエという恵まれた環境のもたらした、多くの振付家との出会いだろう。マッツ・エック、ジョン・ノイマイヤー、ウィリアム・フォーサイス、イリ・キリアンなど、第一線の振付家たちがル・リッシュに作品を振付けているが、そのなかでもとくに関わりの深いのが、冒頭の『アルルの女』でも登場したローラン・プティだ。「初めてプティと仕事をしたのは、カドリーユかコリフェの頃、『ノートルダム・ド・パリ』にコール・ド・バレエで出演したとき」と語るル・リッシュ。早くからル・リッシュに注目したプティは、さまざまな作品を踊る機会を彼に与え、それから数年のうちに、ル・リッシュはプティの代表作の主役をつぎつぎに踊ることになる。『ノートルダム・ド・パリ』の主役カジモドは、なかでも当たり役のひとつだが、九六年のピエトラガラのグループ公演のなかで踊られたパ・ド・ドゥが、抜粋ながら忘れがたい印象を残している。ノートルダムの鐘楼に身を潜めたエスメラルダとカジモドが、ひととき心を通わせる有名なシーンだが、二人の踊りは短い時間のなかにずっしりとしたドラマを感じさせ、全幕はさぞやと思わせるものがあった。

また、『アルルの女』のフレデリや『若者と死』の若者など、プティのよく描く、自分自身のなかで荒れ狂う力に翻弄される若者を演じるとき、ル・リッシュは誰にも真似のできない輝きを見せる。出口を失った生命力が強ければ強いほど、破滅に向かう力もまた大きくなる。そのめくるめくような落差は、彼ならではのもの。月並みな例えだが、身体が浮き上がるほどの勢いで走るジェットコースターに乗っているような感覚を、人は彼の踊りに感じるのだ。プティが彼のために振付けた『クラヴィーゴ』では、背徳的だ

「ジゼル」レティシア・ピュジョルと　(パリ・オペラ座バレエ　2003 年) © Icare

マッツ・エック振付「ジゼル」マリ＝アニエス・ジロと(パリ・オペラ座バレエ　2004 年)
© Icare

「若者と死」 マリ＝クロード・ピエトラガラと (パリ・オペラ座バレエ　1996 年) © Colette Masson / Roger-Viollet

が人間臭い主人公を魅力的に演じているル・リッシュ。これらプティ作品の全幕を踊る彼を、ぜひ日本で観たいというのは、ファンの共通の願いだろう。

ビデオ「ニコラ・ル・リッシュ　飛翔する魂」のなかで、ル・リッシュにカジモド役を指導しながらプティが囁く言葉が印象的だ。

「私がこの役を踊ったのは四十歳。君は二十歳……。スピードもステップも思いのままだろう」

才能と若さにあふれたル・リッシュへの愛情こもった言葉だが、ちょっぴり嫉妬と羨望も混じっているように思えて、あのプティが、とにやりとしてしまう。

ギエムとのパートナーシップ

エリザベット・プラテルやピエトラガラなど、個性豊かな女性ダンサーとの共演も、彼を磨いた要素のひとつだろう。力強さに加えて、若いダンサーにありがちのスタンドプレイとは無縁の包容力、度量の大きさのようなものが、組む側にとっても魅力だったに違いない。そのなかでもシルヴィ・ギエムとの出会いは、ある種別格の色合いを帯びている。

ともにパリ・オペラ座バレエ出身という共通点を持ちながら、ロイヤル・バレエ、パリ・オペラ座バレエと拠点の違う二人の共演は、それぞれが相手のバレエ団に客演したことで実現した。パリでは『ドン・キホーテ』『白鳥の湖』などの古典、ロンドンではアシュトン振付の『マルグリットとアルマン』、マクミランの『三人姉妹』などが、センセーショナルな成功を収める。日本では九九年に東京バレエ団の『眠れる森の美女』で初共演したが、このときの舞台は印象深い。完全無欠、史上最強と、つねに強烈な「賛辞」がつきまとっていたギエムのオーロラ姫が、このとき何とたおやかに幸福そうに見えたことか！　彼女とすぐれたパートナーシップを見せた男性ダンサーは決して少なくないが、このように柔らかい印象を彼女から引き出したパートナーは、ル・リッシュが初めてだったのではないだろうか。

二〇〇三年の初夏、日本では『マルグリットとアルマン』での二人の共演が実現。思慮深く知性豊かなギエムのマルグリットに喜怒哀楽をそのままぶつける直情なル・リッシュのアルマンの、自然な演技が感動を呼んだ。八月の世界バレエフェスティバルでのキリアン振付『優しい嘘』は、ほとんど瞬く間のデュエットだが、完全に響き合う二人の動きがえも言われぬ素晴らしさだった。スピーディな踊りのなかで、ふと宙に浮くギエムを、そのポーズ、その位置のまま、ル・リッシュがぴたりと受け止めている。力みも無駄もない二人の醸し出す、詩のような世界に魅了された。

ヌレエフが見出した才能

九一年、プルミエ・ダンスールだった十九歳のル・リッシュを『ロミオとジュリエット』のマキューシオ役、次いでロミオ役に抜擢したのは、ルドルフ・ヌレエフだった。これらの役での好演が、その二年後のエトワール昇進へのジャンピング・ボードになったことは間違いない。ギエムをはじめ、マニュエル・ルグリ、ローラン・イレールら、逸材を発見し続けてきたヌレエフの目が、死の一年前に見い出した才能、それがル・リッシュだったのだ。

「ヌレエフは伝説だから……。彼は舞台をちょっと歩いているだけでそこにダンスがあるような、そういう素晴らしいダンサーでした。ものすごいカリスマ性があって、舞台全体を支配していました」

絶対的なカリスマ性、存在感、自ら発光する太陽のようなまぶしい印象。それらはすべて、現在のル・リッシュ自身が持っているものでもある。「伝説の英雄」ヌレエフから最後のバトンを受け取ったダンサー、ル・リッシュ。これからどこまで光を強めていくのだろうか。

ニコラ・ル・リッシュ

一九七二年一月二十九日、フランスのパリ近郊サルトルーヴィル市に生まれる。八二年パリ・オペラ座バレエ学校に入学。八八年パリ・オペラ座バレエに入団。八八年カドリーユ、八九年コリフェ、九〇年スジェ、九一年プルミエ・ダンスールと毎年昇進試験をトップで通過。九三年七月二十二日、南仏ニームでの『ジゼル』公演終了後、エトワールに任命される。二十一歳での任命は、当時の芸術監督パトリック・デュポンと並んで、男性では最年少。

晩年のルドルフ・ヌレエフに見出され、九一年にヌレエフ版『ロミオとジュリエット』でマキューシオ、ロミオ役を踊る。ローラン・プティも早くから注目したひとりで、九三年に『若者と死』『旅芸人』で主演したのをはじめ、『ノートルダム・ド・パリ』『アルルの女』などを踊っている。プティの『山猫』（九五年）と『クラヴィーゴ』（九九年）はル・リッシュのために作られた作品。古典全幕作品はもちろん、ロビンズ、バランシン、マクミラン、ノイマイヤー、キリアン、フォーサイス、マッツ・エック、ベジャールなど幅広いレパートリーを手中に収めている。また振付も手がけ、二〇〇五年には、『カリギュラ』を発表した。

バレリーナからの信頼も厚く、フランス・バレエを代表するプリマのエリザベット・プラテルも、ル・リッシュがまだスジェだったころからパートナーとして起用。マリ＝クロード・ピエトラガラとの関係も深く、日本でもたびたび共演。最近では、シルヴィ・ギエムとのパートナーシップが知られている。

妻でオペラ座エトワールのクレールマリ・オスタとの間に二女がいる。

IGOR ZELENSKY
イーゴリ・ゼレンスキー

イーゴリ・ゼレンスキーには、「威風堂々」という言葉がよく似合う。たくましい背中をすっくと伸ばし、金髪の頭を誇り高く上げた彼が登場しただけで、舞台に颯爽とした風が吹き渡る。

ロシアの大地に立つ針葉樹のように、まっすぐに芯の通った立ち姿。そこから繰り出される動きの一つひとつが、正確で美しい。なかでもジャンプがすばらしい。しっかりした重量感を持った身体がダイナミックに宙を舞い、その軌跡が最高点に達した瞬間、ぴんと伸ばされた四肢の先から、体重がふっと消えてゆく。空中で長く留まっているように見せる能力をバロンと呼ぶが、彼の跳躍を見るたびに、この言葉が思い出される。そして豪快なマネージュ。おそらく完璧に重心のバランスがとれているためなのだろう。唸りをあげるように力強くスピードもあるのに、少しも荒々しい印象を与えない。

キーロフ・バレエ（現マリインスキー・バレエ）のスターとして、『白鳥の湖』のジークフリート、『眠れる森の美女』のデジレなど、数多くの役を日本でも踊っているが、そのなかでも彼によく似合うのが『バヤデルカ』の戦士ソロルだ。丈高い身体を青い衣裳に包み、ほの暗い舞台をグラン・ジュテで突き進んでくるゼレンスキーは、狙い定めて放たれた矢のように、客席までも一直線に射抜きそうな力強さに満ちている。

トビリシからペテルブルグ、NYへ

そんな踊りからも想像されるとおり、少年時代のゼレンスキーは、本や芝居にのめり込むようなタイプではなかった。ロシア共和国のクラスノダールに生まれた彼は、スポーツ好きの父や兄の影響もあり、はじめはハードルや短距離などの陸上競技に打ち込む。十二歳の頃、バレエに方向を転じ、ニーナ・アナニアシヴィリらと同じトビリシ舞踊学校に学ぶことになるが、そのころ師事したのが名教師ワフタング・チャブキアーニだった。

チャブキアーニといえば、グルジア共和国トビリシの貧しい境遇から、強い個性と熱意でバレエの道に進み、一九三〇年代のキーロフ・バレエで活躍したダンサーである。豪快で男性的なダンサーとして名を馳せた彼は、『海賊』や『バヤデルカ』の男性ヴァリエーションに手を加え、現在のような形にしたことでも知られる。若き日の写真を見ると、堂々とした立派な体格は、どこか現在のゼレンスキーを思わせなくもない。七十代に差しかかっていたチャブキアーニの目に、スポーツで鍛えたイーゴリ少年はどんなふうに映ったのだろう？　私たちには想像するしかないが、この出会いに大きな意味があったことは、その後のゼレンスキーの活躍ぶりを見れば明らかだろう。

チャブキアーニの薫陶を受けたゼレンスキーは、ワガノワ・バレエ学校でゲンナジ・セリュツキーについて一年間の研修を受け、八八年、卒業と同時にキーロフ・バレエに入団する。九〇年にはユリア・マハリナとともにパリ国際バレエコンクールに出場、恵まれた身体を活かしたダイナミックな踊りで、第一位とグランプリを獲得。九一年にはプリンシパルとなり、順調にスターへの階段を駆け上がってゆく。

ロシア人らしい力強さを持つダンサーとしてキーロフ・バレエのトップに立ったゼレンスキーは、そこに留まらず、さらに広い活躍の場を世界に求めた。九〇年前後には、アンドリス・リエパとファルフ・ルジマートフが相次いでＡＢＴに参加しているが、ゼレンスキーが自分の行く先として選んだのはニューヨーク・シティ・バレエ（ＮＹＣＢ）。ダンサーとしての武者修行というより、振付家への強い興味が感じられる。

「ロシアでだけ踊っていると、バランシンもマクミランもほかのところで生まれて伝わってきたものになります。ぼくはバランシン、マクミランが実際に作品を作った場所、一緒に仕事をした人とともに踊りたい」

ゼレンスキーはキーロフ・バレエにベースを置きつつ、ニューヨーク・シティ・バレエの他、ベルリン・

ドイツ・オペラ・バレエ、ロイヤル・バレエなどにも前後して籍を置き、異なる舞踊スタイルに積極果敢に挑んでいった。ベルリンではベジャール振付の『火の鳥』、ロイヤル・バレエでは古典の他にマクミラン振付の『ロミオとジュリエット』『マノン』などを踊ったが、とくに高く評価されたのは、やはりNYCBのバランシンやロビンズの作品だろう。クラシックの技法を用いながら、ストーリー性を排して限りなく音楽そのものに近いバランシンの振付。『アポロ』『テーマとヴァリエーション』『フォー・テンペラメント』『アレグロ・ブリランテ』など、数多いレパートリーのうち、日本で披露されたものは少ないが、伸びやかな身体にクラシックの磐石の基礎、そして自己陶酔とは無縁のさらりとしたキャラクターを持つゼレンスキーの踊るバランシンは、さぞ新鮮な印象だったに違いない。

爽快な力強さ　生命力の輝き

ゼレンスキーは、キーロフ・バレエのプリンシパルになった二十二歳のとき、その来日公演で『海賊』のアリや『白鳥の湖』のジークフリートなどを踊っている。このときの『海賊』の映像が残っているが、いかにもみずみずしい舞台姿だ。ベテランの男性ダンサーの居並ぶなかで、ひときわ目をひく色白、金髪のがっしりした若者。スタンドプレイなどいっさいないが、滑らかな動きの美しさは否応なく視線を引き付ける。パ・ド・トロワでの大きな跳躍は、若さの勢いにあふれている。

ほかに『眠れる森の美女』のデジレ、『くるみ割り人形』の王子、キエフ・バレエのゲストとして踊った『ドン・キホーテ』のバジルなど、からりとして堂々とした古典バレエのヒーローたちが印象的だ。演技もサポートもあくまで男性的で危なげなく、観る人に安心感を与えてくれる。

いっぽう恩師チャブキアーニと縁の深いアリやソロルなど野性的な役では、そのたくましさ、力強さが爽快なまでに発揮される。面白いことにこれらの役は、ゼレンスキーとは容姿も雰囲気も対照的なルジマートフの当たり役でもある。ダブルキャストで踊られることも多いが、印象的だったのは九六年のキーロフ・

「チャイコフスキー・パ・ド・ドゥ」ディアナ・ヴィシニョーワと （マリインスキー・バレエ 2000年）© Hidemi Seto

「ラ・バヤデール」スヴェトラーナ・ザハーロワと © Hidemi Seto

バレエ来日公演、〈ミハイル・フォーキンの世界〉のなかで上演された『シェヘラザード』だ。王の愛妾ゾベイーダと禁断の恋に落ちる金の奴隷は、陰影に富む表現を得意とするルジマートフにいかにもぴったりで、彼を観る心づもりをしていたのだが、実際に踊ったのはキャスト表にないゼレンスキーだった。

予想と違う配役に心が揺らいだのは一瞬のこと。ウリヤーナ・ロパートキナの妖艶なゾベイーダの前に現れたゼレンスキーは、まず全身にあふれる生命力の強さで観客を魅了した。目はゾベイーダをまっすぐに見つめ、彼ならではの豪快なジャンプが舞台にはじける。その輝きは最後に待ち受ける悲劇を一瞬忘れさせ、やがて逆にくっきりと浮かび上がらせるように見えたのだった。

九九年のロイヤル・バレエ来日公演では、マクミラン振付の『マノン』をダーシー・バッセルと踊っている。前半、彼のデ・グリューは姿勢のよさがひときわ目立ち、ロシアの端正なスタイルとマクミランのうねるような振付は溶け合わないのだろうかという思いもかすめたが、後半は固さがとれ、沼地の場面はみごとな盛り上がりを見せた。

九八年に彼自身が中心となって行なった「イーゴリ・ゼレンスキー・スーパーガラ」は、別の意味での貫禄を見せつけた公演である。NYCB、ABT、ロイヤル・バレエ、イングリッシュ・ナショナル・バレエ(ENB)のプリンシパルたちが豪華に顔を揃え、ゼレンスキーの幅広い活躍ぶりを改めて思い出させた。プログラムのハイライトは、異なる三つのバレエ団のバレリーナ、ダーシー・バッセル、ジュリー・ケント、ウェンディ・ウェランを女神役にした『アポロ』。豪華な女神たちの中心でびくともせずポーズをとるゼレンスキーは、まさに作品と公演の柱。みずから振付けたフィナーレでは全員に見せ場を与え、リーダー、企画者としての才能も垣間見せた。

奇跡のような「チャイコフスキー・パ・ド・ドゥ」

そのように、さまざまな意味での強さや存在感が際立つゼレンスキーの舞台だが、二〇〇〇年のマリインスキー・バレエ公演のなかの『チャイコフスキー・パ・ド・ドゥ』は、少し印象が違う。このとき彼はディアナ・ヴィシニョーワをパートナーにこの作品を二回踊っているが、ここでいうのは十一月二十四日の「オールスター・ガラ」での『チャイコフスキー・パ・ド・ドゥ』のことだ。

気負いも見せずに舞台に現われた二人は、見守る観客に息つくひまも与えず、すぐさま音楽と一緒に走りはじめた。はじめはアダージョ。柔軟なヴィシニョーワがいきいきと動き、ゼレンスキーがやわらかい表情で彼女を支え、軽々と運んでゆく。

ヴァリエーション、そしてコーダ。目にもとまらぬ速さでヴィシニョーワが回り、ゼレンスキーの力強い跳躍がはじける。また回り、またはじける。音楽とともに大きく小さく、二人の動きが波打ってゆく。

さらさらと流れる音の波と、みごとに同調した二人の動き。それを見る観客もまた、同じ波に乗る。まだ目の前で踊りは続いているのに、みるみるフィナーレが近づいてくるのが残念でたまらない。どうか終わらないで、と念じるうちに、ゼレンスキーがヴィシニョーワをリフトして運び去り、踊りは終わった。

「奇跡のような」舞台とはこのことだろうか。このとき、豪快という言葉ばかりで言い尽くせないゼレンスキーというダンサーの魅力の奥深さに、改めて気づかされたような気がした。そのときから今まで、これほどみごとに音楽と踊りが一体になった『チャイコフスキー・パ・ド・ドゥ』を、まだ観たことがない。

＊

二年ほど前に背中を痛め、一年間の休養を余儀なくされたゼレンスキーだが、二〇〇三年春、新国立劇場バレエ団のゲストとして牧阿佐美版『ラ・バヤデール』に出演、スヴェトラーナ・ザハーロワのニキヤを相手に凛々しいソロルを踊りきり、ファンの心配を払拭してみせた。以前よりひとまわりほっそりしたようにも見えたが、ジャンプも身のこなしも冴え渡り、無駄な部分が削ぎ落とされて、本来のロシア・ダンサーらしい基礎の美しさがいっそう際立っていたのが心に残る。

十二月のキーロフ・バレエ来日公演では大事を取って休演したが、インタビューなどを見ると、意気はますます高いようだ。二〇〇四年はロンドンでの自身のガラも控え、あいかわらず多忙な様子。「芸術監督の仕事に関心はあるか?」の問いに、「とてもある」と言い切っているのが、何とも彼らしく、頼もしい。その抜群の実行力、豊富な経験を見れば、将来スケールの大きな芸術監督ゼレンスキーが誕生する可能性は限りなく高いだろう。ゼレンスキーに注目する楽しみが、またひとつ増えたというところだろうか。

イーゴリ・ゼレンスキー

一九六九年七月十三日、ロシア南西部、黒海に近いクラスノダールのラビンスクに生まれる。近郊のグルジアのトビリシ舞踊学校で高名な舞踊家チャブキアーニに師事。八七年からサンクト・ペテルブルグのワガノワ・バレエ学校で名教師セリュツキーに学んだ後、八八年キーロフ・バレエ(現マリインスキー・バレエ)に入団する。八八年から八九年にかけて、トビリシ・オペラ・バレエ劇場でも活躍。九〇年パリ国際バレエコンクールにユリア・マハリナと出場、クラシック部門カップルの部でグランプリを受賞。九一年プリンシパルに昇進。

マリインスキー・バレエに籍をおきながら、九二年から九七年までNYCBで踊る。また九六年からロイヤル・バレエでも活躍。またミラノ・スカラ座バレエやミュンヘン・バレエでも踊った。日本でも国内外のバレエ団に客演、九九年には自身のグループ公演を行っている。レパートリーは古典のほか、バランシンの「ジュエルズ」「チャイコフスキー・パ・ド・ドゥ」「アポロ」、ロビンズの「四季」、マクミランの「マノン」「ロミオとジュリエット」、プティの「若者と死」など幅広い。二〇〇六年からノヴォシビルスク・バレエの芸術監督も務めている。

JOSÉ
MARTINEZ
ジョゼ・マルティネズ

一九九五年のパリ・オペラ座バレエ日本公演『ドン・キホーテ』。当時芸術監督だったパトリック・デュポンをはじめ、マニュエル・ルグリ、ローラン・イレールら錚々たるエトワールたちが日替わりで主役を踊ることでも話題になったこの公演で、一人のダンサーが日本の観客の前にデビューした。

ふつう第一幕のバルセロナの広場で踊る闘牛士の花形エスパーダは、押し出しがよくテクニックの優れたダンサーが踊ることが多い。だが、その日登場したのは並外れて華奢なダンサーだった。背はすらりと高いけれど、かっちりした濃色の衣裳のせいで、ただでさえ細い身体がよけいに締まって見える。黒い巻き毛に縁どられた笑顔は優しく、ロマンティックな役柄のほうが似合いそうだ。マッチョでエネルギッシュな踊りが見せどころのエスパーダにしては……？　と思ったのは一瞬。

はずむ音楽、打ち振られるムレータ。華やかな舞台を背景に、ほっそりした身体がじつに気持ちよくスピーディに動く。背の高いダンサーにありがちな、もたつく感じなど微塵もない。長い四肢が鞭のように空間を切ってゆく。安定したピルエット、小気味いいまでに軽々と浮き上がる身体。空中でぴんと開いた次の瞬間、すばやく収められ、しなやかに着地する脚。

なんと優美なエスパーダ！　当時プルミエ・ダンスールだったジョゼ・マルティネズの名前が記憶に刻みこまれたのは、そのときだった。

スペイン生まれのエトワール

スペインのカルタヘナに生まれたマルティネズが、初めてバレエの世界に足を踏み入れたのは十歳のとき。当時五歳の妹パロマが通っていたバレエ教室のパーティに付き添ってゆき、そこで教師の目に留まったのがきっかけだった。おそらくその頃に撮られたのだろう。あどけない顔つきでポーズをとる少年マルティネズの写真が微笑ましい。針金みたいに細い身体と長くまっすぐな手足。ぱっちりした瞳と茶目っ気あふれる表情が、何ともかわいらしい。

十四歳までスペインで学び、さらに高度な訓練を受けるため、カンヌのロゼラ・ハイタワー国際舞踊センターへ進学。八六年のローザンヌ国際バレエコンクールでスカラーシップを獲得し、十八歳でパリ・オペラ座バレエ学校へ留学するが、留学先が決まるまでには葛藤があったようだ。

「ほんとうはＳＡＢへ行きたかったんですが、勧められたのはパリ・オペラ座バレエ学校でした。入ってみると年齢も教わってきたことも、ぼくだけ違う。カンヌでは自由に外出できたのに、パリでは週末以外は学校に釘付けで、月曜日は牢獄に戻るみたいな気分だった。もう〈人生最悪の一年〉でしたね」

だが、そこからの歩みは順調だった。翌八八年に十九歳でパリ・オペラ座バレエに入団したマルティネズは、一年ごとにコリフェ、スジェと昇格。九二年にはヴァルナ国際バレエコンクールで金賞を受賞、プルミエ・ダンスールに昇進する。

まれに見る美しいラインを描く身体と、身についた正確なクラシックの基礎。優雅にもシャープにも踊れる感性、優れた音感。それらの強みを活かして、マルティネズは古典から現代ものまで、幅広い作品で才能を開花させていく。ただ、三歳年下のニコラ・ル・リッシュのような男性的なパワーと華やかさを併せ持つダンサーに比べると、おとなしい印象だったのも事実。才能あるダンサーがひしめくパリ・オペラ座で、果たしてどこまで昇って行けるのかと危惧したファンもいたかもしれない。

マルティネズに飛躍のきっかけをもたらしたのは、アニエス・ルテステュとの出会いだった。二人が初めてパートナーを組んだのは、八九年のバレエ・コンサート。女性ダンサーとしては背の高い美貌のルテステュと、一九〇センチを越そうかという長身ながら繊細な持ち味のマルティネズには、どこか共通する雰囲気がある。それぞれ一人で強烈なアピールをするタイプではないが、ともに抜群のテクニックを備えており、ひとたび向き合って立つとすばらしく舞台映えがする。十八歳と二十歳の二人が踊った『グラン・パ・クラシック』がいかに瑞々しいものだったか、想像するだけで心が躍る。

二人の組み合わせは絶妙だった。ルテステュとマルティネズが踊るとき、他のどんなカップルにもない特別な輝きが生まれることに気づいた観客は、二人が組む日を選んでチケットを求めるようになる。エトワール昇進前の二人が『白鳥の湖』で主演することに決まったとき、名だたるトップ・スターの出演日に引けを取らぬほどチケットが売れたのは有名な話だ。マルティネズはルテステュと同じ九七年に、二十八歳でエトワールに昇進。ルグリのように二十代初めで抜擢されたスターに比べれば早いとはいえないが、バレエ・ファンなら誰もが納得する、待ち望まれた昇進だったといえるだろう。

ルテステュとのパートナーシップ

エスパーダ以来、マルティネズは日本でもさまざまな作品を踊っている。フォーサイス振付『イン・ザ・ミドル・サムホワット・エレヴェイテッド』で披露した鋭い身のこなし。デルガード振付『アルキヴィア』でも無駄なくシェイプされた身体を縦横に駆使して、小気味いい動きを見せている。だがやはりマルティネズといえば、ルテステュとの夢のように美しいパ・ド・ドゥを思い浮かべる人がほとんどではなかろうか。

そのイメージを決定付けたのは、九六年、九八年の「ルグリと輝ける仲間たち」や、九七年から参加した世界バレエフェスティバルでの演技だろう。バランシン振付の『水晶宮』『シルヴィア・パ・ド・ドゥ』、『白鳥の湖』第三幕のパ・ド・ドゥ、『エスメラルダ』のパ・ド・ドゥ、そして『パキータ』のグラン・パ。とりわけ様式美が命の古典、擬古典作品で最高の演技を見せてきた二人だが、なかでも印象深いのが、二〇〇〇年の世界バレエフェスティバルで二人が踊った『グラン・パ・クラシック』である。

その前回の世界バレエフェスティバルでシルヴィ・ギエムが踊った同作品が強い印象を残していたので、

「三角帽子」マリア・アレクサンドロワと　（ボリショイ・バレエ　2005 年）© Mikhail Logvinov/The Bolshoi Theatre

「イワン雷帝」デルフィーヌ・ムッサンと　（パリ・オペラ座バレエ　2003 年）
© Colette Masson/Roger-Viollet

10 歳のころ Photo Courtesy of José Martinez

果たしてそれに勝る踊りを見せてくれるだろうかと微かに心配したが、杞憂に過ぎなかった。純白の衣裳に身を包んだルテステュとマルティネズが繰り広げたのは、まさにクラシックの王道を行く踊り。マルティネズは何の衒いもなく、しとやかなルテステュを優しく支える。大輪の花のようなルテステュのポーズと、重さを少しも感じさせないマルティネズの美しい跳躍。だが、一見おっとりした動きの一つひとつが舌を巻くほど完璧な技に裏打ちされているのに気づいた瞬間、鳥肌が立つ。二人が意識していたかどうかは知らず、完璧なアン・ドゥオールやゆったりしたバランスなど、あくまでもクラシックの基本を忠実に行うことで、どれほど気品高く踊ることができるかを、まざまざと見せつける圧巻の舞台だった。

性格俳優としての才能

さて、日本ではあまり知られていないマルティネズのもうひとつの大きな魅力が、キャラクテール、性格俳優としての才能である。パリ・オペラ座でのバール版『コッペリア』の老科学者コッペリウスやヌレエフ版『シンデレラ』の継母など、ちょっと風変わりな役柄を、マルティネズはじつにいきいきと踊っている。九四年にバレエ団初演したマッツ・エック振付『ジゼル』のヒラリオンも、才気あふれる演技と冴えたテクニックによって、マルティネズの当たり役となった。さらにガロッタは〇一年、彼のために『ノスフェラトゥ』の吸血鬼役を振付けているが、これもマルティネズのイメージにぴったりの役どころといえそうだ。

プリンス然としたマルティネズからは想像しがたい役ばかりだが、スターたちがふだん見せない顔を披露する世界バレエフェスティバルのガラの余興で彼を観たことのある人なら、なるほどと思うはず。マルティネズが堂々と（喜々として!?）演じる『ドン・キホーテ』の街の踊り子や『眠れる森の美女』のオーロラ姫は、冗談の域をはるかに超えたみごとさだった。エックなどの作品を踊るマルティネズをぜひ観たいと願う観客は、日本にもきっと大勢いるに違いない。

〇三年暮れにパリ・オペラ座で上演されたグリゴローヴィチ振付の『イワン雷帝』は、マルティネズのそうした才能が最高に発揮された舞台のひとつではなかったろうか。

「『イワン雷帝』はほんとうに踊りがいのある作品でした。ぼくはふだん王子役を踊ることが多いんですが、まったく違う役だったからです。ひとつの作品のなかであんなに多様な感情表現が求められる役を踊れるなんて、考えたこともなかった。イワンは恋と情熱に生きる男であると同時に、プライドが高く残酷で、不実を働く人間でもある。とても複雑な役です」

主役イワンに指名されたマルティネズは、まずエイゼンシュテインの同名の映画で作品を研究、長い黒髪のかつらをつけ、映画の主人公そのままの暗鬱な表情で舞台に登場した。そして「動物的に、本能と感情のままに」踊るように求めたグリゴローヴィチの期待に、入魂の演技で応える。イワンの内面を深く掘り下げたマルティネズの表現は、観客や批評家からファースト・キャストのル・リッシュに劣らぬ高い評価を受けた。

「好きなシーンは、第二幕でアナスターシャを亡くしたイワンが教会に行くところ……。苦悩のために気が狂いそうになっているイワンを演じる自分はもうジョゼ・マルティネズではなく、別の人格になっている。作品の最後では、自分が自分でないような気がしました。誰かになりきることのすばらしさを実感した、お気に入りの作品のひとつです」

振付活動、初役への挑戦

三十代になったマルティネズはいま、古典その他の作品でもますます充実した演技を見せている。〇一年にはラコット復元版『パキータ』全幕にルテステュと組んで主演。〇一、〇三年には東京バレエ団の『白鳥の湖』でジークフリートを演じ、典雅な踊りで観客をうっとりさせた。極め付けは〇三年のパリ・オペラ座バレエ来日公演で踊ったバランシン振付『ジュエルズ』だ。作品を構成する三つの踊りのなかで、彼がルテステュと踊った〈ダイヤモンド〉は、ロシア・バレエへのオマージュとされる、もっとも華麗で精緻なパート。幕開きの瞬間、あいかわらず贅肉の一片もない身体を白い衣裳に包んだルテステュとマルティネズの端正な姿に、早くも溜め息を誘われる。すんなりとした二人のシルエットが交差するさまは、大輪の百合にも似た美しさ。この日のマルティネズは、テクニックの完成度、調和の美、どれをとっても揺ぎなく、パリ・オペラ座バレエを背負って立つエトワールにふさわしい貫禄を心ゆくまで感じさせてくれた。しかしそうなると、ルテステュ以外のパートナーと組んだマルティネズがどんな表情を見せるか知りたくなるのも正直な気持ちだ。我ながら観客とはわがままなもの、と思う。

いずれはスペインに戻って仕事をするのが夢というマルティネズだが、現在は踊り盛りのエトワールとして、また振付家として、多忙を極めている。来シーズンはヌレエフ版『ロミオとジュリエット』に初挑戦するそうだが、優しく高貴な王子のイメージを突き破る熱い演技を見せてくれるのか、興味津々だ。オペラ座バレエ学校公演のために用意している振付作品では、『ドリーブ組曲』でも衣裳をデザインしたルテステュが再び協力するという。ダンサーとして円熟期を迎える彼のこれからの展開が、いよいよ楽しみになってきた。

ジョゼ・マルティネズ

一九六九年スペイン生まれ。双子の弟のほか、男二人と女一人の五人きょうだい。十歳でバレエをはじめ、十四歳のとき、カンヌに留学する。八七年ローザンヌ国際バレエコンクールでスカラシップを受賞し、パリ・オペラ座バレエ学校の最終学年に編入する。八八年、パリ・オペラ座バレエに入団。八九年にコリフェ、九〇年にスジェに昇進。九二年にはヴァルナ国際バレエコンクールで金賞を受賞、プルミエ・ダンスールに昇進する。九七年五月三十一日、『ラ・シルフィード』のジェームズを踊った後、エトワールに任命される。日本では、九五年パリ・オペラ座バレエ日本公演で『ドン・キホーテ』のエスパーダ、『エチュード』などを颯爽と踊り、注目される。〇三年には東京バレエ団『白鳥の湖』にルテステュと客演し、日本で全幕初主演を果たした。振付も手がけており、これまで『ミ・ファヴォリータ』『ドリーブ組曲』を発表。〇五年オペラ座バレエ学校にも『スカラムーシュ』を振付けている。〇八年十月にオペラ座バレエで新作『天井桟敷の人々』を上演する。

FARUKH
RUZIMATOV
ファルフ・ルジマートフ

素顔のファルフ・ルジマートフは、静かな印象だ。映像や写真からも、その雰囲気はうかがえる。時間さえあれば、独りで黙々とレッスンに励み、パートナーに対しても優しい紳士だという。口数も多くはない。やたらに笑わない。あまり器用に人付き合いをするタイプには見えない。ときに、少し寂しげにさえ見える。だが、ひとたび舞台に上がったとき、ルジマートフは変わる。文字どおり、豹変する。鋭く輝く瞳。鞭の如く身を反らせて、激しく空を切る跳躍。東洋的な容姿が、エキゾチックな役柄にとりわけ映える。たとえば『海賊』のアリ、『シェヘラザード』の金の奴隷、『バヤデルカ』の戦士ソロル。低く構えた姿勢の下から、燃え上がるように相手を見つめる熱い眼差しに、はっとする。

その魅力に捉えられたら、もう逃れるすべはない。事実、彼が初めて日本にやってきた八〇年代半ばから九〇年代の始めにかけて、その虜になった人は数えきれない。そして未だに、魔法は続いているのだ。

ウズベキスタンからサンクト・ペテルブルグへ

ルジマートフは一九六三年、タジク人の両親のもと、ウズベキスタンの首都タシケントに生まれた。モスクワやサンクト・ペテルブルグからははるかに遠い、中央アジアのさまざまな民族の文化が入り交じる都市。九歳のときドゥシャンベに移り住み、七三年にワガノワ・バレエ学校の視察団に見い出されて、親元を離れサンクト・ペテルブルグへ移った。本格的にバレエのレッスンをはじめたのは、このときからだ。

この頃の彼は、並外れたバネの強さ、素晴らしいラインを描く脚を持ちながら、まだあまりにも少年ぽい繊細な身体つきだった。クラシックよりもキャラクター・ダンスのクラスで目立ち、周囲のほとんどの人が、彼はキャラクテールかドゥミ・キャラクテールのダンサーになると思っていたという。

しかし、ルジマートフの人一倍の学習意欲と、上級になって受けたゲンナジー・セリュツキーの指導が、人々のそんな予想を覆していく。ルジマートフより二歳年上のマリインスキー・バレエ芸術監督マハールベク・ワジーエフは、この頃の彼を真の〝クレイジー・バレエ・ボーイ〟だったと語る。「……いちばん驚いたのは、ファルフがワガノワを卒業して、マリインスキー劇場へ入ってきた頃のことです。私は二十歳で先に劇場へ入っていて、彼は十八歳。そのころ、劇場のどのリハーサル室のドアからも、ファルフの姿を見つけることができたんですよ！」ルジマートフは、他人のリハーサルの間のわずかな空き時間を拾いながら、劇場中を走り回ってレッスンをしていたのだ。

卒業と同時にキーロフ・バレエ（現マリインスキー・バレエ）に入団、コール・ド・バレエの一員となった彼は、八三年にヴァルナ国際バレエコンクールに挑戦した。九二年の公演プログラムに寄せた薄井憲二氏の文章から、そのときのリハーサル風景が鮮やかに浮かび上がる。「ファルフは疾風のように舞い上がり、旋じ風のように廻る。だがひとつも安定がない。クラスのときも、セリュツキーが常にアンシェヌマンの型通りの終止を指示していた。ファルフはそれがまだ少しも直らず、ピルエットの終わりも、トゥール・アン・レールの終わりも、毎回やることが違う。そしてそれがぴたりと止まるならいいが、いつも失敗して手をついたり、ころんだりしている」

若き日のルジマートフが、細い身体のなかで荒れ狂う才能を御しかねて四苦八苦する様が目に浮かぶようだ。彼はこのコンクールで『海賊』と『愛の伝説』を踊り、未完成ながら銀賞という好成績を残した。アルティナイ・アスィルムラートワと組んで出場した八四年のパリ国際バレエコンクールでも、個人で特別賞を獲得する。九〇年には一時アメリカン・バレエ・シアターに活動の場を移すが、半年あまりで帰国。迷いをふっ切ったようにキーロフ・バレエで活躍、押しも押されもせぬ看板スターになっていく。

異彩を放つアリ

日本で目覚ましい活躍を見せ始めたのは、ちょうどその前後だ。八六年のキーロフ・バレエ来日公演では『ジゼル』のアルブレヒト役を踊っているが、何といっても強烈な印象を残したのは、九一年の同バレエ団『海賊』。美女メドゥーラを窮地から救い出す海賊の首領、コンラッドに影のように従うアリを演じる彼は、舞台に立っただけで異彩を放った。波打つ黒い髪に褐色の肌、鋭く寡黙で、影のある表情。上半身をむき出しにした衣裳が、無駄な脂肪の一片もない身体のラインをはっきり見せている。そして、いざ踊り始めた瞬間、その動きのすばらしさに誰もが息をのんだ。ぴんと伸びたつま先で空を切り、嵐のように回る。あっと思うほど深く背中を反らせて最後のポーズを決める。バレエ・ファンなら見慣れているはずのパが、あたかも初めて見る動きのように、鮮やかな輪郭を描いてぴたりぴたりと決まってゆく。

その魅力を、さらに多くの観客の前に披露したのが、同じ九一年の世界バレエフェスティバルである。Aプロで『ドン・キホーテ』グラン・パ・ド・ドゥを踊るルジマートフは、髪をオールバックになでつけ、引き締まった身体をさらにシャープに見せる黒と白の衣裳で登場。美しいクラシックの基本を崩すことなく、漲る気迫でナイフのように鋭く、バジルのパートを踊りきった。Bプロで同じ『ドン・キホーテ』を踊ったのは、パリ・オペラ座バレエのスーパースター、当時人気絶頂のパトリック・デュポンである。陽気で愛嬌たっぷり、観客の心をつかむのが天才的にうまいデュポンと、求道者的な雰囲気を持つルジマートフ。両極端の二人の個性が火花を散らし、バレエ・ファンの間で語り継がれる伝説的な舞台となった。

九六年のキーロフ・バレエ来日公演も忘れがたい。このときルジマートフは『ドン・キホーテ』『バヤデルカ』など、多彩な演目で主役を踊ったが、そのなかでも評判の高かったのが、フォーキン振付の『シェヘラザード』だった。ルジマートフの演じた金の奴隷は、閉ざされた後宮で王の愛妾ゾベイーダと官能の極みのダンスを踊り、最後にはゾベイーダと相前後して死んでゆく。黄金色のターバンとハーレム・パンツに身を包み、しなやかな獣のようにゾベイーダの身体を抱くルジマートフは、まさに金の奴隷そのもの

「バヤデルカ」（レニングラード国立バレエ　2006 年）© Hidemi Seto

「ドン・キホーテ」（レニングラード国立バレエ　2005 年）© Hidemi Seto

シャルル・ジュドと共演した「ムーア人のパヴァーヌ」（ヌレエフ・フェスティバル　2003 年）© Hidemi Seto

だった。伝説のニジンスキーもかくやと思わせる、ルジマートフのまばゆい輝きに、思わずため息をついた方も多いことだろう。

すべてを投げ出して踊る

それにしても、ルジマートフの踊りは、なぜこれほどまでに観客を惹き付け、陶然とさせるのだろうか。正確で美しいクラシックの基本。もちろんすばらしい。完全なアン・ドゥオール。ぶれない身体の軸。回転を始める前、彼の脚はまるでバレエの手本のように、必ずきちんと五番ポジションに入り、それからすっと横に伸ばされる。可能な限り遠くまで身体を伸ばしたアラベスク。いま彫刻家が削り出したばかりのような、くっきりと際立ったポーズの数々。折れてしまうのでは、とどきっとするほど、深く反る背中。しかし、技術が凄いという踊り手なら、他にもいる。容姿が美しい、という人も、ごまんといる。

となれば、やはり最大の鍵は「すべてを投げ出して踊る」その姿勢にこそあるといえるだろう。ルジマートフは、どんな振付であっても、技術と体力のすべてを駆使して踊る。踊ることさえできるなら、いま、この瞬間に砕け散ってもかまわない、とでも言うように。エキゾチックな役でも、ノーブルな役でも、現代作品であってもそれは同じだ。そこにあるのは、アーティストなら誰もが憧れるに違いない忘我の境地。アリが自分を無にして主人に仕えていたように、金の奴隷が官能の前に命を投げ出したように、ルジマートフは自分自身をバレエに捧げているように見える。バレエに仕える奴隷に、すすんで彼はなったのか。踊り終えた直後、虚脱したような空っぽの瞳を客席のほうに向けているルジマートフを見るたび、そんな思いが頭をよぎる。

円熟の度を深めるルジマートフ

スリムな身体や柔らかい身のこなし、黒髪の鋭い風貌は二十代の頃とほとんど変わらないが、この数年は、目を見張る跳躍や回転とは別の魅力が深まっている。たとえば、若い頃から身体に叩き込まれたクラシック・バレエの型の美しさを、ルジマートフほどはっきりと感じさせるダンサーは少ないのではないだろうか。四十代を迎えた現在も、彼は古典全幕バレエでディアナ・ヴィシニョーワやイリーナ・ペレンのような若いダンサーを相手に、磐石のサポートと際立った踊りを見せている。二〇〇一年のレニングラード国立バレエ来日公演でヴィシニョーワと踊った『パキータ』では、下手奥から登場したルジマートフが完璧なポーズで立った瞬間、強いオーラが列を作った女性ダンサーの身体を押して、次々に向きを変えさせるように見えた。両脚を地に付けた何気ないポーズの美しさだけで、そう見えるのだ。

もうひとつ目を見張るのは、抑えた動きからにじみ出る表現の深さ、存在感の大きさである。本来、激しさと抑制が同居するアンビヴァレンスが、ルジマートフの大きな魅力。以前は、秘めたエネルギーが一挙に爆発するようなダイナミックな跳躍や回転に目を奪われたが、現在はむしろ、静的、演劇的な表現のなかに圧倒的な力強さを感じる。印象深いのが二〇〇三年のヌレエフ・フェスティバル公演で踊った『ムーア人のパヴァーヌ』のオセロだ。激しい動きなどほとんどないが、静かな表情の下にふつふつとたぎる熱い情念で観客の視線を釘付けにし、ドラマの世界に引き込んでゆく。慇懃にして卑劣なイヤーゴを巧みに演じたシャルル・ジュドとの間に流れる、ぴんと張り詰めた空気が忘れられない。

九五年からの一時期キーロフ・バレエの副芸術監督も務め、クラシック・バレエの伝統を継ぐ者の責任、バレエ団への責任と、ルジマートフの背負うものは若い頃とは比べものにならないほど重い。いっぽう、これほど魅力のある踊り手でありながら、なぜだろうと思うこともある。ルジマートフが現代振付家の手による彼自身のための作品を待ち望んでいたのは知られているが、その出会いは未だにない。あまりにも強烈な個性と、不器用なほどにまっすぐなバレエへの想いが、コラボレーションの機会を狭めてしまうのだろうか。

しかし、ますます円熟の度を深めてゆく現在のルジマートフを見ていると、そんなこだわりが無意味なものにも思えてくる。見方を変えれば、すべての作品は彼のものなのだ。他の誰がアリを、金の奴隷を、そしてオセロを、彼のように演じることができるだろう。ルジマートフがルジマートフらしく踊り続ける限り、観客もまた、彼の虜であり続けるに違いない。

ファルフ・ルジマートフ

一九六三年六月二十六日ウズベキスタンの首都タシケント生まれ。九歳からドゥシャンベに移り住む。七三年ワガノワ・バレエ学校の視察団に見出され、親元を離れてサンクト・ペテルブルグの同校に入学。ワシーリー・イワーノフ、ゲンナジー・セリュツキーらに師事する。八一年卒業と同時にキーロフ・バレエ（現マリインスキー・バレエ）に入団。八三年ヴァルナ国際バレエコンクールで銀賞を、八四年パリ国際バレエコンクールで特別賞を受賞する。同じ八四年、『ドン・キホーテ』のバジル役で初主演。八七年には、彼の代表作となる『海賊』のアリを初めて踊る。鋭くしなやかな回転と跳躍、圧倒的な存在感で、一躍スターの仲間入りを果たす。九〇年にはＡＢＴに参加。翌年マリインスキー劇場に復帰し、ロシアを拠点に、日本をはじめ世界中で活躍。

初来日は八六年キーロフ・バレエ日本公演。アルティナイ・アスィルムラートワと『ジゼル』を踊った。九一年の来日公演では『海賊』のアリを踊り、センセーションを巻き起こした。以後、キーロフ・バレエ公演のほか、レニングラード国立バレエへの客演、自身のグループ公演など数多くの舞台を日本で披露している。〇二月には『モーツァルトとサリエリ』のモーツァルト役で演劇に初挑戦。〇七年五月、レニングラード国立バレエ（ミハイロフスキー劇場）の芸術監督に就任した。

MATHIEU GANIO
マチュー・ガニオ

DENYS GANIO
デニス・ガニオ

二〇〇四年七月の「ルグリと輝ける仲間たち」にマチュー・ガニオが加わると聞いて、楽しみにしていた観客は多いはず。二〇〇一年にパリ・オペラ座バレエに入団して以来、彗星のようにスターへの階段を駆け上がってきた若者は、五月の『ドン・キホーテ』上演後に、プルミエ・ダンスールの地位を飛び越え、二十歳の若さでエトワールに任命された。おそらく、今年前半のパリでバレエ・ファンの話題を最も集めたダンサーだろう。外見を見ただけでも、ほっそりとバランスのとれた容姿に、端正な顔、表情豊かな瞳。これでスターにならないほうがふしぎ、と思うほどの素敵な青年である。

じつはマチューの来日前にその姿を写真で見た時、思い浮かんだのは彼の父親、デニス・ガニオのことだった。一九八〇年代、ドミニク・カルフーニと組んで見せてくれた、ため息の出るような美しい舞台の数々がよみがえる。当時の彼も現在のマチューと同じほど美しく、しかも個性的な魅力にあふれたダンサーだったのだ。

父デニス・ガニオ

一九八五年の世界バレエフェスティバル、各国のゲストが華やかさとテクニックを競うなか、ひと組のカップルが目を引いた。ローラン・プティの作品を踊る、見るからに垢抜けた美男美女。それがマチューの両親、ドミニク・カルフーニとデニス・ガニオだった。

カルフーニについては、ここで詳しくご紹介するまでもないだろう。パリ・オペラ座バレエのエトワールという誰もがうらやむ地位を辞してマルセイユに赴き、ローラン・プティのミューズとして長く活躍し

前ページ右：マチュー・ガニオ　(東京バレエ団「眠れる森の美女」2006年) © Hidemi Seto
前ページ左：デニス・ガニオ (第4回世界バレエフェスティバル「カルメン」) © Hidemi Seto

た、とびきりパリジェンヌらしいバレリーナ。モデルのような洗練された美貌と抜群の脚線美は、今も語り草になっている。

デニスは一九四九年南仏のアヴィニヨンに生まれ、十一歳でバレエをはじめた。一年後にパリ・オペラ座バレエ学校に移り、十六歳でコール・ド・バレエとしてパリ・オペラ座バレエに入団するが、十九歳で退団。マルセイユ・オペラのディレクターだったロゼラ・ハイタワーのもと『眠れる森の美女』『ドン・キホーテ』などの古典バレエに出演した後、七二年にプティが旗揚げしたフランス国立マルセイユ・ローラン・プティ・バレエに、二十三歳の若きプリンシパルとして参加した。

映画俳優のような顔立ちとエレガントな身のこなしに、パリ・オペラ座仕込みのテクニックと、きびきびした歯切れのいい動き。プティはそんなデニスに、多くの二枚目役を踊らせた。『星に明かりを』の詩人マヤコフスキー、『コッペリア』のフランツ、『ノートルダム・ド・パリ』のフェビュス。映像にもなっている『こうもり』のヨハンは、そのなかでもはまり役のひとつだ。第一幕、ジジ・ジャンメールの演じる妻ベラのそばで、新聞を手に取ったり食事をしたりしながらも、どこか遠くに思いを馳せているヨハン。整い過ぎて冷ややかに見えるほどハンサムな彼が演じるからこそなのだろう、その上の空ぶりが何ともおかしい。そして第二幕、こうもりの羽根を背中に付けてナイト・クラブに姿を現わしたヨハンは、別人のように軽やかな足取りで舞台狭しと跳び回る。こんなにも優美で危なっかしい男性が夫だったら、妻はさぞかし気の揉めることだろう!

そのいっぽうで、デニスは『狼』や『シラノ・ド・ベルジュラック』、『ノートルダム・ド・パリ』のカジモドなど、プティの愛してやまない「孤独で醜い」ヒーローたちもずいぶん踊っている。「お姫様や王子より、他人から見捨てられ、孤独に悩み、いつも苦しんでいる役のほうがはるかに面白い」というのはプティの持論だが、これらの役を踊らせたのも、彼がデニスを信頼し愛していたからに違いない。

デニスはジジやノエラ・ポントワ、ギレーヌ・テスマーなど、多くの名バレリーナのパートナーを務めているが、カルフーニとのパートナーシップのすばらしさは別格だった。初めていっしょに踊ったのは二人がパリ・オペラ座バレエ学校で学んでいた十二歳のときだというが、デニスのマルセイユ行きでしばらくは離ればなれに。しかしカルフーニがローラン・プティ・バレエに移籍してからは、本格的にパートナーを組んで踊り始めた。日本でも『アルルの女』『マ・パヴロヴァ』『コッペリア』などで共演しているが、そのなかでも特に深く心に残っているのは、八五年の世界バレエフェスティバルで踊られた『カルメン』と『囚われの女』である。

『カルメン』寝室のパ・ド・ドゥは、ビゼーの音楽で、カルメンとホセが熱く愛を交わす場面。黒いビスチェを着た魅惑的なカルフーニが舞い、白いシャツと黒いタイツをきりりと着こなしたデニスがそれを追う。

まるでモノトーンのフランス映画を観るようだった。男女の生々しい絡み合いを描いた場面なのに、趣味のいい絵のような美しさ。ことにデニスの苦み走った表情、何気ないしぐさの端々ににじみ出る優雅な雰囲気は、とても新鮮に感じられた。豪快なジャンプや回転、力強さだけでは表現できない男性ダンサーの魅力。これがフランスの粋、これがヨーロッパの香りというものか。そんなふうに思ったのは私だけだったろうか。

そして、プルーストの小説『失われた時を求めて』をもとに創作されたバレエからの抜粋『囚われの女』。愛するアルベルティーヌへの嫉妬にとらわれ、彼女が眠りのなかにある時もじっと見つめ、どこにも行かぬようつなぎとめようとする男。当時はそんな背景も知らずに観たが、あまりの美しさに呆然とした記憶がある。細い滝のように天井から流れて床に広がる柔らかな布。淡い色のドレスに身を包んだカルフーニ。目を閉じ四肢の力を抜いた彼女を、デニスの長い腕が何度も抱き上げ、包み、時には床を引き回すように導いてゆく。それから何人もの優れたダンサーがこの場面を踊るのを見たけれど、このときのカルフーニとデニスほど、滑らかに調和し、深い静けさを感じさせる踊りを観たことはない。

デニス・ガニオ「プルースト〜失われた時を求めて」より「囚われの女」ドミニク・カルフーニと（第4回世界バレエフェスティバル　1985年）© Hidemi Seto

デニス・ガニオ「カルメン」ドミニク・カルフーニと（第4回世界バレエフェスティバル　1985年）© Hidemi Seto

デニス・ガニオ「アルルの女」ドミニク・カルフーニと（第5回世界バレエフェスティバル　1988年）© Hidemi Seto

息子マチュー・ガニオ

マチュー・ガニオの誕生は八四年、そんな二人の活動の黄金期ともいうべきときだった。マチューが世界のバレエ・ファンの前に初めてその姿を見せたのは、わずか二歳のとき。プティ振付の『マ・パヴロヴァ』の一場面にピエロの衣裳をつけて登場、母カルフーニと「共演」したのである。ママンの腕に抱かれてにっこり笑う彼は、文字どおり天使のような愛らしさ。この瞬間、マチューは本人の意思とは関係なく、フランスで最も有名なバレエ・ファミリーに生まれたプリンスとして、ファンの期待を集めることになったといっていい。

「はじめからダンサーになろうと決めていたわけではありません。小さい頃は柔道を習っていましたし」

そう語るマチューだが、八歳のとき国立マルセイユ・バレエ学校に通い始め、十五歳でパリ・オペラ座バレエ学校へ編入。自らバレエの道に進むことを選びとったマチューに、周囲はさらなる期待を寄せ始めた。卒業公演のピエール・ラコット版『コッペリア』ではフランツを踊り、透き通るような二枚目ぶりと羽根のように軽やかな身のこなしを披露した。二〇〇一年にパリ・オペラ座バレエ入団、翌年コリフェ、〇三年暮れにはスジェに昇進。そして間を置かず、グリゴローヴィチ振付『イワン雷帝』パリ公演のクルブスキー公爵役を一晩踊るよう、芸術監督ブリジット・ルフェーヴルによって指示される。

バレエに詳しい人ならすぐにピンとくるのだろうが、クルブスキー役はかつて若き日のシャルル・ジュドやパトリック・デュポンも踊った、パリ・オペラ座バレエ若手の試金石のような役。しかも初演で皇妃アナスターシャを踊ったのはカルフーニという、マチューにとっては特別に縁の深い作品でもある。

大きな幸運だと思うと同時に不安も感じたというマチューは、グリゴローヴィチの特別レッスンや、周囲の支えを最大限に活かして、試練を乗り越える。確かな技術、そして何より豊かな表現の魅力でその夜の観客の心をつかんだことは、いくつものレポートから伝わってくる。

マチューがエトワールに昇進したのは、それからわずか四ヵ月あまり後のことだ。いつかは必ずその地

マチュー・ガニオ「プルースト〜失われた時を求めて」ステファン・ビュリオンと（パリ・オペラ座バレエ　2007 年）© Laurent Philippe

マチュー・ガニオ「エスメラルダ」オーレリ・デュポンと（ルグリと輝ける仲間たち　2004 年）© Hidemi Seto

マチュー・ガニオ「イワン雷帝」（パリ・オペラ座バレエ　2003 年）© Icare

位に就くだろうと予想していたパリの常連客も驚くようなスピーディな展開に、危惧の声さえ上がったようだが、マチュー自身の演技に人を突き動かす感動を生む力がなければ、奇跡の昇進劇も何も起こりはすまい。そんな劇的なストーリーを背負っての今回の来日。期待するなといわれても、無理というものだろう。

新エトワール、マチューの日本デビュー

五反田ゆうぽうとで行なわれた「ルグリと輝ける仲間たち」Aプロ初日、オーレリ・デュポンとマチューが踊る『エスメラルダ』の幕が上がる。紅色のチュチュを着て艶やかに微笑むオーレリと、ほっそりした身体を葡萄酒色の胴着に包んだ若者の姿が、まぶしいライトに照らしだされる。少し緊張しているが整った甘い横顔、すっと伸びた首から肩の線、白いタイツのよく似合う長い脚、まさに王子のようなマチューの立ち姿。

毎回実力のある出演者を揃え、水準の高いことで知られる「ルグリと輝ける仲間たち」で、大先輩たちに混じって新進エトワールが一〇〇パーセントの力を発揮するのはやはりたいへんなことに違いない。この日の彼は緊張の色を隠せなかった。基本のポーズは美しいが、リフトやジャンプの着地でときおりふらつく。安定感のあるオーレリが立派に見える。

けれど、観るたびによくなっていくのが伸び盛りの証明か。Bプロ最終日、ミリアム・ウルド＝ブラームと踊った『眠れる森の美女』は、ずっと安定感が増し、おとぎ話の絵本から抜け出たような初々しく可憐な二人の演技を、心おきなく楽しめた。バランシン振付の『フー・ケアーズ?』では、いい意味で肩の力が抜けて、表情と動きの華やかな魅力がよく見える。『アレス・ワルツ』でも感じたが、激しく動いても足音のしない着地や、せりあがらない肩から腕の描くなめらかな線、そしてジャンプしながらそれが開く瞬間の柔らかい動きがとてもきれいだ。そして最大の強みは、微笑むだけで立ちのぼる繊細で華やかなオーラ。この輝きがある限り、彼は観客の期待という大きな荷物から、決して逃れることはできないだろう。

「このシーズンは『エチュード』のあと、『眠れる森の美女』『シンデレラ』『ロミオとジュリエット』を踊ります。大作が続くので心配でもありますが……。これから踊ってみたいのは『ロミオとジュリエット』や『マノン』。振付家ではノイマイヤーに興味があります」

両親の面影が漂う端正な顔で、にっこり微笑みながら話すマチュー。これは楽しみだ。なぜなら、父デニスがちょっと近寄りがたいクールな印象だったのに比べ、マチューは喜怒哀楽をより素直に表現するタイプに見える。さぞ濃やかなロミオやデ・グリューになることだろう。クルブスキー役でパリの観客を魅了した情感豊かな演技を、これらの作品でぜひ観てみたい。そう願っているのは、私だけではないはずだ。

デニス・ガニオ

一九四九年四月二十五日、フランスのアヴィニヨンに生まれる。十一歳からバレエをはじめ、一年後パリ・オペラ座バレエ学校に入学。レイモン・フランケッティの指導を受ける。六五年、十六歳でパリ・オペラ座バレエに入団するが、十九歳で退団。マルセイユ・オペラのロゼラ・ハイタワーのもとに移り、ヌレエフ振付作品でヌレエフ自身にソリスト役に起用される。七二年、ローラン・プティがマルセイユ・バレエを創立したとき、プリンシパルダンサーとして参加。『プルースト〜失われた時を求めて』『コッペリア』『カルメン』『オペラ座の怪人』『こうもり』など、約二十年にわたり、ほとんどすべてのプティ作品で重要な役柄を演じ続ける。九一年にマルセイユを離れ、ベジャール・バレエ・ローザンヌに移籍した。芸術フェスティバルやバレエ団の監督を務めた後、現在は、イタリアで後進の指導に当たっている。

日本には、マルセイユ・バレエ日本公演のほか、世界バレエフェスティバルなどで来日、多くの観客を魅了した。同じマルセイユ・バレエで活躍したドミニク・カルフーニとの間に息子マチューと娘マリーヌがいる。

マチュー・ガニオ

一九八四年三月十六日、フランス・マルセイユ生まれ。両親はドミニク・カルフーニとデニス・ガニオ。妹マリーヌもパリ・オペラ座バレエのダンサー。二歳半のとき、ローラン・プティの『マ・パヴロヴァ』で舞台デビュー。九二年からマルセイユ・バレエ学校で学び、在学中の九八年にはバレエ学校公演で来日し、神戸などで公演を行う。九九年パリ・オペラ座バレエ学校に入学。二〇〇一年には学校公演で『コッペリア』やノイマイヤーの『ヨンダリング』を踊る。

〇一年秋、パリ・オペラ座バレエに入団。〇二年コリフェ、〇三年スジェに昇進する。〇四年一月、グリゴローヴィチ振付『イワン雷帝』でクルブスキー役に抜擢される。五月二十日、ヌレエフ版『ドン・キホーテ』終演後にエトワールに任命される。飛び級でのエトワール昇格は、母親のカルフーニ、マニュエル・ルグリ、ローラン・イレールに次いで四人目の快挙。同年七月にはルグリのグループ公演でエトワールとして初来日。二十一世紀のオペラ座を担うスターとして、大きな人気を誇る。東京バレエ団に招かれ、『ラ・シルフィード』『眠れる森の美女』『白鳥の湖』全幕に主演。オペラ座では、古典のほか、ノイマイヤー振付『椿姫』のアルマンやプティ振付『プルースト〜失われた時を求めて』のサン・ルーなどを踊り、目覚ましい活躍を見せている。

II

JORGE
DONN
ジョルジュ・ドン

これがダンスか！

一九八一年に公開されたクロード・ルルーシュ監督の映画『愛と哀しみのボレロ』で、ジョルジュ・ドンが見せた二つのダンス・シーンは、今もしっかりと記憶に焼き付いている。

モーリス・ベジャールがダンス・シーンを振付けたこの映画で、ドンが演じたのは亡命するロシア人ダンサーだ。その運命の選択の前、彼がパリの選りすぐりの観客の前で踊るのが、ベートーヴェンの交響曲第七番による古典バレエ風のヴァリエーション。獅子のたてがみのような髪に真紅の布を巻き、『海賊』の衣裳を思わせる金と真紅のハーレム・パンツに身を包んだドンは、嵐のようなグランド・ピルエット、全身を弓なりにしたジャンプ、高いアントルシャを何度もくり返し、野生的なエネルギーをこれでもかと見せつける。

そして『ボレロ』。風の吹き渡るシャイヨー宮広場に設えられた赤いテーブルの周囲を、カメラは大きく移動しながら、その上で踊るドンと、見守る観客、オーケストラの人びとを交互に映し出す。舞台の上で行儀よく演じられるバレエしか知らない一人の観客にとって、それはとても新鮮な見ものだった。

そのドンが八二年、第三回世界バレエフェスティバルと二十世紀バレエ団の公演のために日本にやってくると知り、喜々としてチケットを買いこんだのはいうまでもない。そして「運命の日」はやってきた。満員の東京文化会館、二階の左サイドの席。高まる期待のなか、暗い会場に押し殺した打楽器の音が響きはじめる。スポットライトの丸い光が、舞台中央の闇のなかから探り当てたドンの手が、ゆっくりと弧を描いて上がり、今度は身体を舐めるように下へと動いていく。一瞬ドンの顔がライトのなかに浮かび、また闇に沈む。

劇場の『ボレロ』は映画とはまったく違うのだ、と気づいたのは、どの瞬間だったろう。苦しいような高揚感。映画は開放感にあふれていたが、劇場ではすべてのエネルギーが、暗い坩堝のような空間に閉じ込められている。テーブルの真ん中で「メロディ」を踊るドンも、その周囲で踊る「リズム」も、観客も。脈打つように、次第に強く、大きくなるドンの動き。眠ったように座り込んでいた「リズム」はいつの間にか目覚め、気がついたときにはテーブルのまわりを埋めている。その間にも、ドンは激しく身体を反らせ、両腕を拡げ、そして跳ぶ。テーブルの上に腰を落として回ったかと思うと、また伸び上がり、テーブルを叩く。肌がみるみる上気し、身体が回転するたび、驚くような量の汗が飛び散る。ついにすべてが動きだしたとき、ドンはもう、輝く汗と光の塊と化している。耳を聾するばかりの音楽がさらに高まる。最後がくる。もう最後だ。最後が来た！

拍手と歓声。「これが舞台か」「これがダンスか」。それが、このときの『ボレロ』の印象だった。ベジャールのすごさ、作品のすごさ。それをこんなにも直截に観客の胸に投げ込んできたドンというダンサーの力に、痛いほど手を叩きながら、ただ呆然としていた。

ベジャールとの出会い

ドンは一九四七年、ロシア系移民の両親のもと、ブエノスアイレスに生まれた。テアトロ・コロン付属舞踊学校でバレエと演劇を学び、十一歳で初舞台を踏む。「子ども時代、それはすべてがダンスで私は幸福でした」。道化や民族舞踊の衣裳で、同じ年頃の少女とポーズをとるドンの写真が残っている。大きな目で何かを訴えるような私服のスナップが印象的だ。

出会いは、彼が十六歳のときに訪れた。二十世紀バレエ団の初めての南米公演を観て衝撃を受けたドンは、公演中の楽屋にベジャールを訪ねる。当時ベジャールは三十六歳、『春の祭典』『ボレロ』などをつぎつぎ発表し、三年前に二十世紀バレエ団を結成したばかりという時期だった。ドンは入団を願い出るが、欠員はないと断わられ、それでもあきらめきれずに船でヨーロッパに向かった。公演後のヴァカンスから帰ったベジャールは、スタジオの前の廊下で、どこかで会ったことのある青年を見かけて呟く。「……何処だったっけ？　何だ、ブエノスアイレスだ！　あそこで会った、悲しげでおどおどしたあの道化だ」（『モーリス・ベジャール自伝』前田允訳）

ほとんど押しかけるようにして団員になるものの、いちばん軽い女性ダンサーさえ満足にリフトできず、ドンはベジャールを失望させる。しかし、ひたむきにレッスンを続けた彼は急速に力をつけ、六六年には浅川仁美らとともに『ロミオとジュリエット』の主役に抜擢される。「進歩？　目覚ましい進歩だ……！」（『自伝』）

それ以後ベジャールは、『バクティ』『ニジンスキー・神の道化』『ゴレスタン、あるいは薔薇の園』『我々のファウスト』など、ドンを中心にした作品をつぎつぎに発表する。『春の祭典』『火の鳥』など既存の作品も、ドンが踊ると新しく瑞々しい表情を見せた。そして七九年、ドンは初めて『ボレロ』のメロディを踊る。六一年の初演でメロディを踊ったのは女性のデュスカ・シフニオスだが、ドンの力強さは『ボレロ』のイメージを一変させた。これをきっかけに、『ボレロ』はベジャールの代表作として抜群の知名度を獲得することになる。

いろいろなエピソードから推測すると、若い頃のドンは、テクニックの面で特別にずば抜けたものを持っていたわけではなかったろう。もちろん基礎訓練は受けていたが、どちらかといえば不器用で、性格的にも内気。だが、それがかえってリアルな魅力となってベジャールの心を引き付けたことは想像できる。ブエノスアイレスから来た臆病な少年は、ベジャールによってその魅力を余すところなく引き出され、いつしかその創造の源、その芸術の最高の伝達者と呼ばれるようになっていったのだ。

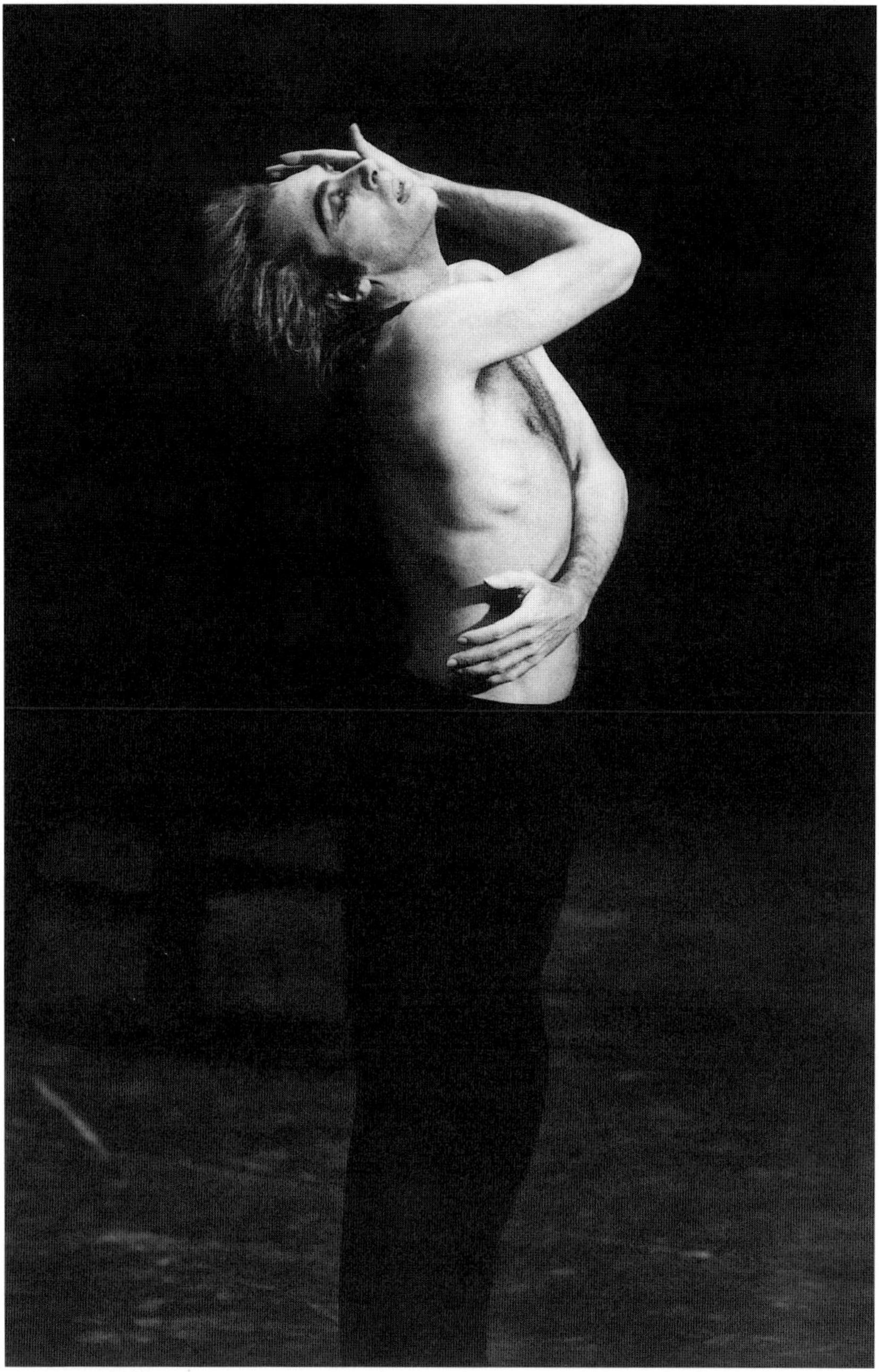

「アダージェット」©Hidemi Seto

「アダージェット」の頽廃美

ドンは六七年、二十歳のときに二十世紀バレエ団の公演で初来日し、『ロミオとジュリエット』他を踊っている。七九年の世界バレエフェスティバルでは、リズムの群舞なしで『ボレロ』を踊り、このときは舞台を見守る観客があたかも「リズム」のようだったという。

映画で一気に有名になった八〇年代には、すでに三十代の成熟したダンサーとなっていたが、『ボレロ』をはじめ『ディオニソス』『マルロー、あるいは神々の変貌』『わが夢の都ウィーン』など多くのベジャール作品を踊り、圧倒的な存在感で舞台をリードした。先の七九年から九一年まで、四度にわたって参加した世界バレエフェスティバルで、シャルル・ジュド、ペーター・シャウフス、フェルナンド・ブフォネス、リチャード・クラガンら、いずれ劣らぬ一流の踊り手たちと競演したことも忘れられない。ドンはそこで、両性具有という言葉で表現されるベジャール・ダンサーのオーラをいかんなく発揮すると同時に、典型的なクラシック・バレエの男性ダンサーたちの魅力も、私たち観客に再発見させてくれたのである。

当時、多くの女性ファンが大挙してドンの公演に詰めかける現象は、それまでのバレエ公演には見られなかったものとして話題になった。雑誌やCMなどメディアへの登場もたいそう多かったが、インタビュー等でのぞく素顔は、舞台上とは対照的に寡黙で穏やかだった。

インタビューはあまり好きではないのですか？　という質問に、「自己表現はすべて舞台でやっているつもりなので。私が舞踊を選んだのはまさにそのため、言葉で表現しなくてすむからです。ただ、自分がうまく言葉で表現できないのを残念に思います」とドンは答える。

また、「私は男とか女とかいう以前に人間。それも舞台でしか生きていない人間です。日常生活はないに等しい」という言葉も印象深い。この落差、ダンス以外に自分を語る言葉を何ひとつ持たなかったことこそが、舞台上で我と我が身を燃やし尽くすような、ドンのパワーの源泉であったことは疑うべくもない。

そんなドンのナイーヴな内面を映し出しているように思われたのが、『ボレロ』と並んで彼の代名詞ともなった『アダージェット』である。まどろむように流れるマーラーの交響曲第五番第四楽章。ドンが大きな肩を少し落として椅子に腰を降ろすと、それだけで観る者それぞれの心にストーリーが生まれる。何かを怖がってでもいるように、身体を内側にたたんで歩く。痛みに耐えるように床をのたうつ。追い求めた希望、幻の蝶をついに自らの手の内に捉え、激しく喜びを爆発させる。滴り落ちる汗もかまわず、舞台の端から端へ、目も眩むように身体を回し、握った手を天に振り上げる。

八二年の二十世紀バレエ団来日公演の折りにドン自身が伝授したことで、いまではジル・ロマンの代表作のようにもいわれるが、ドンの『アダージェット』は当時のロマンの清楚さとは対極の、すさまじいまでの頽廃美を感じさせるものだった。満開の花が散る瞬間、花びらは色を変え、芳香には息苦しさが忍び寄る。

髪を振り乱し、汗にまみれたドンが、一度は確かに握りしめた手をゆっくりと開き、放心したようにふたたび座り込む最後の場面。それは、まるで黄金色の夕映えが消えてゆくのを見るように、たとえようもなく豪奢で哀しかった。

四十五歳、若すぎる死

ドンはダンサーとしての生涯のほとんどを、ベジャールとその作品に捧げた。九〇年には、東京バレエ団とともに『ボレロ』『アダージェット』を日本の二十一都市で上演。その公演をもって上演ストップとされた『ボレロ』を、九一年の世界バレエフェスティバルのガラでもう一度踊り、観客を喜ばせたことは記憶に新しい。その秋、女優シーペ・リンコフスキーとともに演じた『ニジンスキー・神の道化』が、日本での最後の舞台になると、どれだけの人が予想しただろう。

四十五歳という若さで訪れたドンの死は、ベジャール自身はいうに及ばず、ドンによってバレエを新たに発見した世界中の人びとに、測り知れない衝撃を与えた。あまりにも大きな喪失感は、しかし、彼のダンスがダンサーや観客、ひいてはバレエ界に残したものがいかに大きかったかの裏返しでもある。

九八年と二〇〇二年のベジャール・バレエ・ローザンヌ来日公演で上演された『バレエ・フォー・ライフ』は壮観だった。モーツァルト、フレディ・マーキュリー、ドンら、夭折した芸術家たちに捧げられたこのバレエの終り近く、若いダンサーたちが舞台の上の白いスクリーンに主役を譲ると、そこにドンの姿が映し出される。フレディの歌う「ブレイク・フリー」に乗って、ニジンスキーを演じるドンがスクリーンに踊る。

「踊りの化身ともいうべきニジンスキーは、私にとって魂の兄弟です。……私は一回一回のこの舞台で燃え尽きてしまいます。あとはただ次の公演のときに再び新しい生命を得て、皆さんの前に立てることを願うのみです」

『ニジンスキー・神の道化』のプログラムに記された、ドンの言葉である。

ジョルジュ・ドン

一九四七年二月二十八日、アルゼンチンのブエノスアイレスに生まれる。テアトロ・コロンの舞踊学校に入学。六三年、二十世紀バレエ団の初の南米公演を見て、モーリス・ベジャールに心酔。翌一九六四年、二十世紀バレエ団に入団する。六六年『ロミオとジュリエット』で初めて主役を務める。六七年、二十世紀バレエ団日本公演で初来日。七一年、スザンヌ・ファレルと『ソナタ五番』『ニジンスキー・神の道化』で共演。七七年〜七八年にかけて、NYCBの公演に参加。七八年、二十世紀バレエ団日本公演で、『我々のファウスト』ほかを踊る。

七九年、『ボレロ』の〈メロディー〉を初めて踊る。同年、世界バレエフェスティバルの第二回に初出演し、プリセツカヤと『レダ』、ソロで『ボレロ』を踊る。八一年、森下洋子と『ライト』、マルシア・ハイデと『ガルボの幻想』を踊る。同年クロード・ルルーシュの映画『愛と哀しみのボレロ』が公開され、ドンの『ボレロ』が一大センセーションを巻き起こす。八二年、世界バレエフェスティバルで『ボレロ』と『アダージェット』を披露する。八四年、シュツットガルト・バレエ日本公演に客演。八五年と九〇年には、東京バレエ団とともに『ボレロ』全国公演を行う。九一年の世界バレエフェスティバルで自作『デス・フォー・ライフ』を坂東玉三郎と踊る。九二年十一月三十日、ローザンヌで死去。

GIL ROMAN
ジル・ロマン

「アダージェット」からはじまった

一九八二年、モーリス・ベジャールの二十世紀バレエ団が三度目の来日公演を行なった。ちょうど映画『愛と哀しみのボレロ』がヒットした頃である。ジョルジュ・ドンの踊る『ボレロ』でバレエの魅力に目覚めた観客にとって、ドンは二十世紀バレエ団の代名詞だった。『ボレロ』も『アダージェット』も、金髪をなびかせて踊るドンの「熱い、限界ぎりぎりまで力を出し切った、崩れ落ちる寸前の美」というイメージでしか思い描けなかった。しかしその日、舞台で『アダージェット』を踊ったのは、ドンとはまったく違うタイプのダンサーだった。それが、当時二十一歳のジル・ロマンである。

ひきしまった小麦色の肌。黒髪に縁どられた生真面目な顔。そのなかに、ひたむきにまっすぐに空中を見つめる黒耀石のような瞳が光る。水の底で聞くようなマーラーのゆったりとした音楽とともに、踊りが始まる。最初はゆっくり、しだいに熱を帯びて、ドンよりも小柄だが、若いしなやかな身体が動く。

うねりながら高まる音楽を、耳だけでなく手のひらで、背中で、全身で聞いているように見える敏感な反応。汗で光る腕を差し伸べ、ロマンは懸命に何かを追いかける。追いかけるが見つからないのか、見えていても届かないのか。身体を仰け反らせて回り、もだえるように身体を床にすりよせ、両脚を宙に持ち上げる。やがて追いかけて追いかけて、何かをつかんだ瞬間に、若者は自分を抑えきれないように何度も飛び跳ねる。勝ち誇る表情もあらわに椅子の上に立ち上がり、ゆっくり手を開き、じっと見つめ、やっととらえた何かをそっと空中に放し——、やがて、抜け殻のように座り込む。

何と新鮮な『アダージェット』、と思った。ロマンの踊りには、憧れや夢や挫折、孤独、激しさ、優しさなど、

前ページ：「愛、それはダンス」より「ブレルとバルバラ」（ベジャール・バレエ・ローザンヌ　2006年）© Hidemi Seto

若さの持つ甘さ、苦さのすべてが宿っているように思えた。目の前にあるものに触れたい、でも届かない、もどかしさ。そんな自分に焦れてもがく、若さの痛み。それは、すでに成熟したダンサーだったドンの踊りから伝わるものとは自ずと違っていた。成熟し開花し、あとは手にしたものをひとつずつ手放しながら新たな境地を拓かねばならない時期に差しかかっていたドンと、いままさにダンサーとして生き始めようとしていたロマン。同じ『アダージェット』という作品で二人が表現したものは、みごとなほどに対照的だったのだ。

観客を引き込む磁力

ベジャールとジル・ロマンの出会いは、ロマンが十代の頃にさかのぼる。

南仏で生まれ育ったロマンは、モンテカルロのマリカ・ベゾブラゾヴァ、カンヌのロゼラ・ハイタワーのもとでクラシック・バレエの基礎を学んだ。幼い頃はまず振付に興味を示し、舞台を観るたびに「ぼくだったらこうするのに！」と批評していたというが、十三歳で父を失ったとき、ダンサーになろうと決意した。最初に観たベジャールの作品はモンテカルロでの『想像のモリエール』。だが、そのときはまだ「自分とはまるで違う世界」と感じていたと語る。当時彼の夢はまだ、『ドン・キホーテ』のバジルや『ジゼル』のアルブレヒトを踊ることだったのだ。そんな彼に、ドンを写した一枚のポスターが衝撃を与える。「男がひとりで表現している舞台の映像を見たのは、これが初めてだった。それを見たときに、彼のようなダンサーになりたいと意識し始めたんです」

十七歳でオーディションを受け、ベジャールのカンパニーの一員になる。が、内向的でしかも激しい性格は誤解されやすく、周囲になじむまでには時間がかかった。ベジャールは回想録（『モーリス・ベジャール回想録　誰の人生か？——自伝』前田允訳　劇書房）のなかで、当時のロマンについてこう語っている。

「この類稀なアーティストを、彼の妄想、愛情、コンプレックスとともに、彼が閉じこもっていた精神的な『身を潜める雑木林』から引っぱり出すには、数年かかった。私は三度も彼を追い出さなくてはならなかったのだ！　八年のうちで三度である。その度に、私は数週間後に彼を再び迎え入れたのだった。徐々に彼の特質が分かってきて、彼がどんなに私に似ているかを実感するようになった」

初舞台は七九年の『イリュミナシオン』。八三年の『未来のためのミサ』初演の三日前にベジャールに呼び出され、新しく振付ける役を踊るようにいわれた。これがベジャール作品でロマンが務めた初めての主役となった。

今も独特の魅力のあるベジャール・バレエの男性ダンサーたちだが、当時のベジャール・ダンサーには、いまとはまた別格の、時代性と響き合って倍加した輝きのようなものがあった。ベジャールのほとんどの作品で中心的な役柄を演じ、太陽のように圧倒的な存在感を誇っていたジョルジュ・ドン。甘い美貌と明るいキャラクターで『ギリシャの踊り』『アクア・アルタ』などを踊り、日本のファンにも絶大な人気を持っていたミシェル・ガスカール。『魔笛』の高僧ザラストロなどのストイックな演技が印象的だったパトリス・トゥーロン。

そのなかにあって、ロマンのコントロールされた敏捷な動き、優れた集中力、内省的な雰囲気は独特の魅力だった。一言でいうなら、ロマンは光や熱を放射するかわりに、自らの内側に持つ世界へと、観客を引き込む磁力を持つダンサーだった。ドンのもっとも印象的な役である『ボレロ』のメロディ、『春の祭典』の生贄など、自らを踊りのなかに燃焼し尽くすような役柄をロマンが踊っていないのが、彼らの個性がいかに違っているかを示すものだろう。ドンは燃え尽きるまで激しく踊り、自らを昇華させるが、ロマンは熱狂のなかでも溶けない何かを持っている。どんなに激しく踊っても、硬い結晶のように、ジル・ロマンが残る。

主役デビューとなった『未来のためのミサ』での役柄がそうだったように、ロマンが大きな存在感を示すのは、どちらかといえば熱狂的な役よりも、主要な登場人物たちをまとめ、観客と作品をつなぐ「語り手」的な役柄だ。

ここ数年の作品で印象深いのは『バレエ・フォー・ライフ』での演技。モーツァルト、ジョルジュ・ドン、クイーンのフレディ・マーキュリーなど、夭折したアーティストたちに捧げられたこの作品で、クイーンのヒット曲に乗って命への讃歌が歌い上げられるたび、黒衣のロマンがゆっくりと舞台を横切っていく。歌声と歓声にかき消されていた通奏低音が静寂とともに再び聞こえてくるように、観客はジルの姿を見るたび、作品の底に横たわる死の存在を思い出す。

ベジャールの幼い日の想い出から生まれた作品『くるみ割り人形』でも、ロマンはマリウス・プティパとメフィストに扮し、ベジャールの追憶への案内役を演じた。二〇〇二年のベジャール・バレエ来日公演で上演された『少年王』でも語り手を演じた彼は、ますますベジャールの分身のような印象を強くしている。

彼の持ち味の繊細な部分は、大作よりもむしろ『アダージェット』のような小品、中品でのほうがよく味わうことができるだろう。再演がなく、細かい記憶を確認できないのが残念だが、『ハムレット』『中国の不思議な役人』『メフィストのワルツ』など、運命に翻弄され、破滅してゆく主人公の、追い詰められた表情は見ものだった。登場人物たちが互いに入れ替わってゆくような不思議な感覚の作品『二重の影の対話』でのユーモアを含んだ演技も、なかなかほかの作品では見られない。波の音やフラメンコのカンテなどを組み合わせた音楽が印象的な『ホアンとテレサ』では、叙情的なところも十分に見せた。ことにコルシカという故郷を共有する踊り手、マリ=クロード・ピエトラガラと共演したときには（ピエトラガラの父とロマンの母はコルシカ生まれ）、兄妹のように息の合う踊りを披露。また共演の機会があれば、と思わせる。二〇〇三年の世界バレエフェスティバルで踊った新作『ヨカナーン』でも、死に向かって自ら駆け出してゆく男を素晴らしい集中力で演じた。この数年のロマンは、心・技・体が完全に一致しており、いずれかが先走った印象を与えることがまったくない。これが円熟ということなのか、とにかくみごとである。

ジルの魅力が炸裂したローゲ

もうひとつ、ロマンの魅力が存分に発揮された作品として忘れられないのは、『ニーベルングの指環』だ。九〇年のベジャール・バレエ・ローザンヌ来日公演。ワーグナーのオペラを下敷きにするバレエの主軸は、主神ヴォータンやその娘ブリュンヒルデ、人間の若者ジークフリートらの複雑に絡み合う運命だが、ロマンの演じた火の神ローゲは、神々と人間の愛憎渦巻くドラマを、皮肉な笑みを浮かべて見守り、かき乱す。

このとき、見慣れた黒髪を火の神にふさわしい真紅に変え、黒い服に身を包んで登場したロマンは、決して物静かな哲学者ではなかった。衣裳の黒にひときわ映える白い顔、紅い唇、ロック歌手のように逆立った髪。これらの道具立てが、彼の自己を解き放つ「仮面」の役を果たしたのだろうか。

熱さと冷たさが同居する瞳、重厚なバレエのなかを縦横に駆け巡る敏捷な身のこなし、今はおなじみになっている、片頬に笑みを浮かべた凄みのある表情など、彼の魅力のすべてが、鎖を解かれたように炸裂した感じだった。長身のパトリック・ド・バナが踊るヴォータンの分身のようにつきまとうローゲ。カタジェーナ・グダニエック扮するブリュンヒルデを自分の操る炎で囲み、面白くてたまらないといった表情で笑っているローゲ。神々の黄昏、すべての終わりに、地上からワルハラまでを焼き尽くすのも、ローゲの操る炎である。これこそ彼のための役、彼でなければ演じられない役、と、ロマン自身も感じていたのではないだろうか。

＊

九三年から、ロマンはベジャール・バレエ・ローザンヌの副芸術監督も務めている。「アーティストは自分の本質である幼年期に向かって歩んでゆくもの」という彼は、幼い頃の夢でもあった振付に、いま再び挑戦している。

そしてダンサーとしても、もちろん充実している。ドンから伝授された『アダージェット』は、二十数年を経て限りなく変化した。あの日、初々しく甘い葛藤に満ちていた『アダージェット』はいま、ジル・

「ニーベルングの指環」（ベジャール・バレエ・ローザンヌ　1990年）© Hidemi Seto

ロマンというダンサーの一部のように、限りなく深い色合いを帯びはじめている。まだまだ完結はしないでほしい。そう思い、見守っている観客は多いはずだ。

ジル・ロマン

一九六〇年十一月二十九日、南フランスのアレスに生まれ、モンペリエで育つ。姉二人がいる三人きょうだいの末っ子。ダンスを習っていた姉の影響で、七歳からバレエをはじめる。十三歳のときに医師であった父親が死去。モナコでマリカ・ベゾブラゾヴァ、カンヌでロゼラ・ハイタワー、ホセ・フェランなどに学ぶ。

七九年、モーリス・ベジャールの二十世紀バレエ団に入団。ブリュッセルのモネ劇場での『イリュミナシオン』で初舞台を踏む。『未来のためのミサ』の主役、『ディブク』のハナン役に抜擢される。以後、『ハムレット』『ニーベルングの指環』『中国の不思議な役人』『バレエ・フォー・ライフ』『ブレルとバルバラ』、マリ・クロード・ピエトラガラと共演した『ホアンとテレサ』など数多くのベジャール作品で中心ダンサーとして活躍。

九一年、ローザンヌのヴィディ劇場でベジャールの戯曲『A-6-Roc』のMr. A役を初演。九二年にはベジャール監督の映画『役者についての逆説』に出演し、俳優としての才能を発揮。また振付活動も行っており、『衣は僧を作らず』『ベラについての考察』などを発表している。

九三年より、ベジャール・バレエ・ローザンヌの副芸術監督を務め、二〇〇七年十二月から芸術監督を務めている。ベジャール・バレエの元ダンサー、妻キーラ・カルケヴィッチとの間に一女がいる。

JULIEN
FAVREAU
ジュリアン・ファヴロー

二〇〇四年六月、東京で上演されたベジャール・バレエ・ローザンヌの『魔笛』。黄金の衣をまとったザラストロが登場した瞬間、息を呑む。金髪を頂いた丈高い身体から、後光の射すようにあふれ出るオーラ。大きな鳥が悠然と羽ばたくような身のこなしは、すべての人を打ち従える威厳に満ちている。ほんとうにこれが六年前、『バレエ・フォー・ライフ』のフレディ役を踊り、あどけないまでの若さを振りまいていたダンサーと同じ人物だろうか？

〇四年現在、二十七歳。ジュリアン・ファヴローは、間違いなくいま、もっとも大きく成長しようとしているダンサーの一人だ。

ベジャールとの出会い

ファヴローは一九七七年、フランス西部のラ・ロシェルで生まれた。ダンス好きは天性のものだったらしい。はじめは、通っていた学校で年に一度行われる学芸会のような行事で、先生のオリジナルの振付で踊るのが楽しみだった。はじめてステージに上がったのは七、八歳のころ。幕が降りたとたん、またすぐに舞台に立ちたい、と心から思ったという。

自分から「ダンスをやりたい」と頼んだジュリアン少年を、両親は地元ラ・ロシェルの舞踊音楽学校に入学させる。ベジャール・バレエで活躍したミシェル・ガスカールの母、コレット・ミルナーが教えていたこの学校で、ファヴローは古典とコンテンポラリーの基礎を学んだ。

十五歳で卒業したとき、ターニング・ポイントが訪れる。オーディションを受けて合格したバレエ団のなかにはローラン・プティのマルセイユ・バレエなどもあったが、プロとして踊るには若すぎるという両親の意見もあって、進路を決めかねていたときにベジャールのバレエに出会うのだ。舞台を観たのがきっかけでルードラのオーディションを受け、合格した彼はそのままベジャールのもとで学ぶことを決意する。もしもタイミングがほんの少しずれていたら、まったく別のバレエ団で活躍するファヴローが誕生していたかもしれない。

ファヴローの明るいキャラクターと恵まれた身体的資質は、いち早くベジャールの目にとまった。ベジャール自身の勧めで、ファヴローは通常二年かかるルードラでの授業を一年で終え、十七歳でベジャール・バレエ・ローザンヌに入団。『突然変異X』『シルクロード』『リュミエール』など、多くの新作の初演に参加し、『くるみ割り人形』のグラン・パ・ド・ドゥや『バレエ・フォー・ライフ』のフレディなど、作品の見せ場となる踊り、重要な鍵となる役を次々に任せられていく。さらにベジャールは、ベジャール・バレエと彼自身にとって特別な意味のある作品を、惜し気もなくファヴローに踊らせている。若き日にベジャール自らが踊った『チーク』。かつてジョルジュ・ドンが踊った『ディブク』のツァディク、『これが死か』の男、『春の祭典』の生贄……。そこには、若いファヴローへの並々ならぬ信頼と期待のほどが窺える。そしてまた、ベジャールにここまで信頼されて、応えたいと思わないダンサーがいるだろうか。ファヴローはこれらの作品を一つひとつ踊りこなし、バレエ団を背負うダンサーへの道を歩き始めた。

「バレエ・フォー・ライフ」

九八年の来日公演で、弱冠二十歳の彼が踊った『バレエ・フォー・ライフ』のフレディも、そうした重要な役のひとつだ。モーツァルト、ドン、フレディ・マーキュリーら、夭折したアーティストたちへのオマージュであるこの作品。全編をフレディがヴォーカルを務めたロックバンド、クイーンの音楽が彩り、フレディ役のダンサーは作品を通して登場、観客の導き手となる。

公演前に映像もリリースされ、ある程度の予備知識を持って客席に座ったが、フレディ役のファヴローが登場した瞬間、目を見張った。ヴェルサーチのデザインした派手やかなレオタードに包まれているのは、しっかりとした骨格と柔軟な筋肉を持つ青年の身体だ。でもその上にある顔は、青年というより少女のようなあどけなさ。

「ゲット・ダウン・メイク・ラヴ」「ボヘミアン・ラプソディ」……。短くカットした金色の巻き毛を振り乱しながら、舞台狭しと踊るファヴローは、まるで舞台に飛び込んできた小鬼か、はじける花火のようだった。その踊りの力強さと、色濃く残る幼い表情のギャップが、強烈な印象となって記憶に刻み付けられた。

だから四年後の二〇〇二年、再びベジャール・バレエ・ローザンヌとともに日本を訪れたファヴローが、完成された青年の姿になっているのを見たときは、成長ぶりを目の当たりにしたうれしさと、前回のアンバランスな魅力を懐かしく思う心が交錯した。髪が伸び、ひとまわり身体も大きくなった印象のファヴローには、『少年王』に登場するルイ十四世の、黄金色に輝く太陽王の衣裳が、あつらえたようによく似合う。再演の『バレエ・フォー・ライフ』フレディ役でも、前回のトリックスター的なイメージから一歩進んで、華やかななかにも力強く舞台を引き締める存在感が感じられた。『チーク』では、カトリーヌ・ズアナバールを相手に、スピーディで切れのいい身のこなしで観客を引き込む。

さらにこの公演では、ファヴローの両性具有的な魅力がよりクローズアップされたように思う。歌舞伎の中村歌右衛門に捧げられた『東京ジェスチャー』のなかで披露した、貴婦人のドレス姿の妖艶さ。そして七五年初演の『我々のファウスト』から抜粋、再構成された『タンゴ』。ここでファヴロー、マーティン・ヴェデル、ティエリー・デュバルが踊った「大天使のタンゴ」は、もとの作品のなかでドンやパトリス・トゥーロンらが踊ったとりわけ妖艶なパートである。

裸の上半身をさらし、片腕に長い黒手袋をはめたファヴローら三人の踊りは、当時のベジャール作品な

「バレエ・フォー・ライフ」（ベジャール・バレエ・ローザンヌ　2002 年）© Hidemi Seto

らではのむせかえるような官能的な雰囲気を、予想以上によく再現しているように思えた。煙るような照明の中、しなやかな軌跡を描いて反るファヴローの長身が、ひときわ目を引く。これまでが明るくエネルギッシュな役どころが多かっただけに、より印象深いものがあった。

そして二〇〇四年、ファヴローはまた、別の顔を見せる。

リヒャルト・シュトラウスの「四つの最後の歌」に振付けられた『これが死か』。死の間際、かつての女性たちの幻と対話し、人生を振り返る一人の男。白い衣裳をまとった四人目の見知らぬ女、彼女こそが「死」と知ったとき、男の心を驚きと不思議な憧れとが包む。

ブルーグレーのタイツに包まれたファヴローののびやかな身体。あくまで静かに、あくまで穏やかに、女たちとの最後のデュエットが展開する。長い四肢がスローモーションのようにゆっくりと空間を横切り、女性の身体と交差する。穏やかさのなかに秘められたファヴロー自身の生命力の強いオーラが、作品のテーマを際立たせる。純白のレオタードをまとった「死」と手を取り合い、ゆっくりと床に横たわる幕切れは、ため息が出るほど美しい。すらりとした二人の身体が描くシンメトリーの構図にしばし見とれる。

久々に通し上演された『バクチ』三部作のなかで、ファヴローが踊るのは、古代インドの叙事詩に登場する王子ラーマとその妻シータの愛を描く「I」。額に神秘的な文様を描き、インド伝統音楽の音色にのって踊るファヴローの身体は、白く微かに光を放つよう。ルチアーナ・クロアットのシータと視線を通わせ、柔らかい動きで寄り添うさまが、甘く清らかな夢を誘う。

そして圧倒的な威厳と存在感を見せたのが、冒頭でも触れた『魔笛』だ。当初タミーノを踊る予定だったファヴローは、後日ベジャールの考えでザラストロ役に変更された。ザラストロは夜の女王の悪徳から娘パミーナを遠ざけ、王子タミーノに試練を与える役。出ずっぱりで動きの多いタミーノとは対照的に、最小限の動きで全二幕の作品をまとめる存在感を示さねばならない。自らを「エネルギッシュでスピーディ」だというファヴローには、初めて挑む型の役だったのではなかろうか。

だが、ファヴローが下手からゆっくり歩み出たとき、よけいな思いはすべて消え去った。おなじみの金髪を後頭部でまとめ、床まで届く黄金の衣をがっしりした肩にかけたファヴローは、じつに堂々としたものだった。舞台空間に荘厳な文字を描くがごとき振付を、しなやかな四肢を雄弁に駆使したポーズで、力強く演じてゆく。彼の動きに呼応して、周囲の空気が色を変える。音楽、登場人物の表情、動き、すべてが盛り上がり調和へと向かう幕切れでは、ファヴロー自身のおおらかな輝きが、舞台を包みこんでゆくようにも感じられた。

ベジャール・ダンサーの系譜

花火のようなショッキングな登場から、力を内に秘めた「静」の魅力も表現できるダンサー、さらには他を圧する存在感を持つダンサーへと、時とともに着実な成長を遂げつつあるファヴロー。彼を見るとき、思い起こさずにいられないのが、パトリック・ベルダやベルトラン・ピーから延々と続いてきたベジャール・ダンサーの系譜だ。ジョルジュ・ドン、ミシェル・ガスカール、ジル・ロマン……。輝くような魅力と個性にあふれたダンサーたちは、ベジャールが最初のバレエ団を設立して以来、半世紀に及ぶ活動の間に入れ替わり立ち替わり現われ、振付家の創作意欲を刺激し、新たな作品を生む原動力となった。その後に続くのがファヴローなのだろうか。

「ジュリアンは彼らに続く存在だと思う」というのは小林十市だ。

「ベジャールさんの振付って、理屈で理解するより本能的にキャッチする部分が意外と大きいんだけれど、それができるダンサーはそんなにいません。でも、ジュリアンはそれができるダンサーなんです。彼にはオーラがある」(『ダンスマガジン』二〇〇四年七月号)

太陽を思わせる暖かい輝きや金髪の偉丈夫ぶりから、ファヴローとドンの面影を重ね合わせる人も多い。ファヴロー自身はすでに生身のドンの舞台を知らない世代だが、ドンとは切っても切れない作品『ボレロ』

には、「いつか踊ってみたい。あくまでもベジャールが決めることで、こちらから言うことではないけれど……」とひとしおの思い入れを見せる。若さと自信にあふれ、表現の面でも急速に力を貯えつつあるファヴローの踊る『ボレロ』。実現したらどんなステージになるか、想像するだけでわくわくしてくる。一日も早く、ベジャールが決断してくれることを祈りたい。

ジュリアン・ファヴロー

一九七七年十二月十七日、フランス西部のラ・ロシェル生まれ。家族は両親と弟。エミリアノフ・ニオールのもとでバレエをはじめる。九歳から、ラ・ロシェル舞踊学校でコレット・ミルナーらに師事する。十五歳のとき、オーディションを受けローラン・プティのマルセイユ・バレエなどいくつかのバレエ団に合格するが、プロとして踊るには若すぎると両親に反対される。そのころ、ベジャールのバレエを見て気に入ったファヴローは、ベジャールのダンス学校「ルードラ・ベジャール・ローザンヌ」のオーディションを受け、合格。ベジャールに認められ、通常二年間の修学期間を一年で修了し、一九九五年八月ベジャール・バレエ・ローザンヌにソリストとして入団する。

『突然変異X』『シルクロード』『リュミエール』などを初演しているほか、『バレエ・フォー・ライフ』のフレディ、『春の祭典』の生贄、『くるみ割り人形』のグラン・パ・ド・ドゥ、『ディブク』のツァディク、『チーク』『これが死か』など、ベジャール作品の重要なパートを踊っている。

初来日となった一九九六年ベジャール・バレエ・ローザンヌ日本公演では、『リア王-プロスペロー』などでみずみずしい演技を披露。一九九八年の日本公演での『バレエ・フォー・ライフ』でフレディ役を踊り、一躍注目された。以後来日の度にバレエ団の中心ダンサーとして、目覚ましい活躍を見せている。

JUICHI KOBAYASHI
小林十市

背中から首に続く線が、若竹のように天に向かって伸びている。音のしない軽やかな跳躍。切れ長のまぶたからのぞく、強いまなざし。バレエ・ダンサー小林十市を思うとき、まっ先に浮かんでくるイメージだ。

二〇〇三年、突然ベジャール・バレエを退団し、ファンを驚かせたのは記憶に新しい。腰椎の故障といえやむを得ない理由とはいえ、ダンサーとしてはピークともいえる時期。指導に専念するのはまだ早い。多くの人がそう感じた。

そして今年（二〇〇四年）の秋、バレエではなく演劇『エリザベス・レックス』で、彼は再び舞台に戻ってきた。いったいどんな演技を見せてくれるのか、開幕の日を心待ちにした観客は多かったに違いない。

ニューヨークでの刺激

小林十市は一九六九年、東京に生まれた。落語家の柳家小さんは祖父にあたる。バレエ・ダンサーへの道を歩む直接のきっかけを作ったのは、元女優の母だった。

「母は最初から長男のぼくをバレエ・ダンサーに、弟（柳家花緑）を落語家に、と考えていたようです。バレエを始めたのは小林紀子先生のところで、十歳のとき。そこで七年間学びました」（「ダンスマガジン」二〇〇二年九月号）

子どもの頃の写真では、なるほど体型も雰囲気も、兄弟は対照的に見える。弟は丸顔でにこにこと愛嬌たっぷり。それに比べて兄はすらりと手足が長くて、表情も涼しげだ。母の目に「未来のダンサー」十市少年の姿が浮かんだのも無理はない、ように思える。

はじめこそ母の意向でとびこんだバレエの世界だったが、十五、六歳の頃には自分の意志でバレエ・ダンサーになろうと決めた。当時、憧れていたのはミハイル・バリシニコフ。だからローザンヌ国際バレエ・コンクールで準決選まで進んだ後、迷わずニューヨークへ行く道を選んだ。

八六年の五月、小林はオーディションを受けてSAB（スクール・オヴ・アメリカン・バレエ）に入学する。その二日後、同じクラスにバリシニコフその人がレッスンを受けにきた。彼が新入生のなかから選ばれて受講を許されたスタンリー・ウィリアムズのスペシャル・メンズ・クラスは、当時NYCBやABTの花形として活躍していたダンサーが集う、男性ダンサーのエリート・コースだったのだ。

ルドルフ・ヌレエフや、NYCBで活躍中の堀内元ら、第一級の人々と同じスタジオでレッスンを受けたことが、ダンサーの卵にとって刺激にならないわけがない。もしも希望通りアメリカのバレエ団への入団がすんなりと決まっていたら、現在の小林とはまったく違うダンサーが誕生していただろう。

だが、現実の壁が立ちはだかる。学校公演では優秀な成績を収めながら、労働ビザの問題もあって就職が決まらない彼に、母から「ベジャール・バレエはどうか」というアドバイスが届く。ローザンヌのベジャールのもとに赴いた小林は、そこで行われていた『ディオニソス』の抜粋のリハーサルを見て衝撃を受ける。

「それを見たらバランシンは吹き飛びました。それくらい強烈だった。クラスを二日間受けて、ベジャールさんから〈一緒に仕事をしたい〉と言われて、それで決まった。……バランシンとベジャールさん、同じミスターBでも全然動きが違うわけで、最初はたいへんでしたけど。（笑）」（「ダンスマガジン」二〇〇二年九月号）

八九年、このとき小林は二十歳。

美しい〈魔〉

若い小林は、怖じけることなくベジャールのカンパニーに溶け込んでゆく。

初舞台となったブラジル公演ではさっそく『春の祭典』『一七八九』『ディオニソス』などで舞台を踏むが、『マリオネットの生と死』では踊りのきっかけを間違え、ジョルジュ・ドンにきびしく叱責される。「あのときは縮み上がりました」と後に振り返る小林だが、そこで委縮してしまわないのが彼の真骨頂なのだろう。舞台の外でも、誰もが遠慮して近づかない瞑想中のドンのそばでストレッチをし、そのドンに〈おかしなやつ〉と呼ばれながら、のびのびとふるまう。無邪気で怖いもの知らず、そしてどこまでも自然な小林のキャラクターは、当時まだ六十人規模の大所帯で重厚な作品を多く上演していたベジャールのカンパニーに、涼しい風のように吹き渡ったのかもしれない。

この時期に『春の祭典』『火の鳥』のようなベジャール壮年期の傑作を踊り、壮大でエネルギッシュな『ニーベルングの指環』などの創作に参加したことが、その後の小林の大きな財産となったのは間違いない。ベジャールのほうも、ほっそりした身体で小気味よく動く彼をさまざまな作品で重用した。そして間もなく、カンパニーの「時代」が変わる。九二年にドンが死去。バレエ団は規模を縮小し、ジル・ロマンの時代がスタートする。バレエ団再始動の後、ベジャールからレペティトゥール（振付補佐）を任せられた小林は、副芸術監督のロマンとともに、ますますバレエ団に欠かせない存在となってゆく。

小林にとって大きな節目となった作品が、九三年の『M』だ。彼の踊った〈シ〉は、数字の四、そして三島由紀夫の文学を貫くイメージのひとつ、死（＝Mort）をあらわす。

東京バレエ団による初演の際、小林はベジャールのカンパニーから一人招かれてこの役を踊った。聖セバスチャン役を踊った首藤康之が、西欧的な熱い官能性で注目を集めたのに対し、小林はよくしなう身体と鋭く切れのいい踊り、しんと澄み切った泉のような視線で観客を魅了する。まさに生命と死の出会いを思わせる競演だった。

「『M』をやって、まわりにベジャール・バレエのダンサーだと認められた気がします。……自分に振付けられるというのは大きなことですし、とくに真ん中で踊るというのはうれしいし、やりがいもある。あ

「火の鳥」（ベジャール・バレエ・ローザンヌ）© William Dupont Photo Courtesy of Juichi Kobayashi

「東京ジェスチャー」(ベジャール・バレエ・ローザンヌ 2002年)
© William Dupont Photo Courtesy of Juichi Kobayashi

「ピラミッド」ミシェル・ガスカールと（ベジャール・バレエ・ローザンヌ）© DORON CHEMIEL BELGIUM Photo Courtesy of Juichi Kobayashi

2000年モーリス・ベジャールの別荘にて Photo Courtesy of Juichi Kobayashi

のときは三島由紀夫の本もずいぶん読んだし、三島の死の観念も自分なりに消化してやれたと思います」
（「ダンスマガジン」二〇〇二年十月号）

その他、小林が映像やベジャール・バレエの日本公演で見せた踊りは数多い。『Mr．C…』の猫、『リア王―プロスペロー』の道化トリンキュロー。鮮烈な風のように舞台を撹乱する役柄は、フットワークのいい小林にはもってこいだ。その集大成ともいえるのが、『くるみ割り人形』に登場する猫のフェリックス。九九年の映像では、目のさめるような赤毛にヒゲのメイクをした小林が、水を得た魚のように舞台を飛び回る姿を見ることができる。このうえなく美しいポーズで跳ぶかと思えば、生意気な表情を浮かべてらくらくとピルエット。終盤の見せ場、グラン・パ・ド・ドゥのヴァリエーションさえ、このフェリックスは軽やかなジャンプの連続でさらってゆく。そして気がつけば『くるみ』の各シーンは彼の魅力でまろやかにつなげられ、舞台はいっそう輝きを増しているのだ。

世界バレエフェスティバルでロマンと共演、さわやかな個性が際立った『オペラ』『ギリシャの踊り』。そして『バレエ・フォー・ライフ』。巨大なユニオン・ジャックをプリントしたタイツをはき、トランポリンでも使っているかのように躍動する「ミリオネア・ワルツ」では、小林の無邪気な明るさが生きる。だが、さらに秀逸なのは「ウィンターズ・テイル」。光のなかで無心に羽毛とたわむれる小林は透明な哀しみを漂わせ、このように静かな魅力もあったのか、と感動を新たにした。

そんな小林が足のけがに見舞われたのは、三十一歳のとき。二〇〇〇年の世界バレエフェスティバル『椿姫』は、長くパートナーを組むクリスティーヌ・ブランの踊りに〈語り〉でのみ参加する形になった。そしてこのけが以来、小林の踊りへの思いに変化が起こる。結果を意識して踊るのはもういい。とにかく楽しんで踊りたい。

そんな思いがベジャールに伝わって、ひとつの作品が生まれる。それが〇二年の『東京ジェスチャー』だ。小林が初めて自分から「作ってほしい」と要望した踊りは、〇一年の春に世を去った名女形、中村歌右衛門へのオマージュとして発想された。東京で行われた世界初演。舞台に置かれた五枚の鏡。その陰から現れる、ローブ・デコルテの男たち。彼らの立体的な身体のなかで、顔を白く塗り、黒のランニングで身を包んだ小林の身体が、ことさら異質に、鋭利に見える。だが視線をしっかり前に据え、背筋を伸ばした小林は、決して華奢ではない。その存在感はむしろたくましい。

風や羽根の軽さに、ふっと舞台が沈むような重さが加わったように見えた。やがてみずからも黒のドレスをまとい、婉然と微笑みながら踊り始める小林。手鏡をのぞくその表情に、性を超越した美しい「魔」が顔を覗かせる。カウンターテナー、アリ・クリストフェリの歌声が響くなか、歌舞伎の世界に分け入る若き歌右衛門と、西洋の芸術であるバレエの道を進む小林の姿が重なる。この日、彼は間違いなくダンサーとしてひとつの到達点に立っていた。

つねに自然体で

今回『エリザベス・レックス』に足を運ぶとき、尽きない興味で頭はいっぱいだった。カンパニー退団からすでに一年。小林にとっては初めての本格的なストレート・プレイ。彼の役はシェイクスピア率いる一座の女形役者、エリザベス一世と「恋敵」の間柄になるという同性愛者のネッドだ。ダンサーとしての経験を、舞台人の勘を、演劇という新しい場所で、この複雑な設定の役で、彼はどんなふうに活かすのだろう？

だが、いざ幕が上がると、そんなふうに気負って客席についたのが照れくさくなった。バレエも演劇も同じ舞台。いかにも自然に、小林は舞台に溶け込んでいた。ソフトだがよく通る声。気が付くとそこにいる、風のような存在感も以前のままだ。えもいわれぬ華を感じたのは、劇中劇で長いローブを羽織り、女王を演じる場面。ライトの下、凛とした美しい立ち姿は、まぎれもなく小林ならではのものだと感じる。

「踊りはまず音楽があるので、基本的な作品のテンポは決まっているけど、お芝居は役者の発する言葉が

〈音〉。言葉の響きあいや間はいつも違うから、まず同じ舞台（テンポ）になることがない。慣れ不慣れはあるだろうけど、小林十市としての意識を持ちながらネッドという人物としてもいなければいけない。これが難しいところかな」

そんな飾らない言葉で、この挑戦への感想を語る小林。つねに自然体でいられることこそが彼の才能だといってもいいだろう。振付指導や子どもたちの指導、私生活ではブランと結婚するなど忙しい日々が続くが、踊りへの情熱も決して消えていないことが話題の端々に見えるのがうれしい。バリシニコフのように、バレエ、芝居など、そのときの自分にふさわしいペースでいい仕事をするのが理想、と語ったこともある。「結局舞台はその人が全面的に出てしまうのではないかな。お芝居に関してはまだ課題はたくさんあるけれど、でも舞台は楽しいです」

ぜひこれからも、さまざまな舞台でその姿を見せてほしいと心から思う。

小林十市

一九六九年三月十一日、東京生まれ。祖父は落語家の故・柳家小さん、弟は柳家花緑。十歳から小林紀子バレエアカデミーでバレエを始め、十七歳でスクール・オヴ・アメリカン・バレエに留学、スタンリー・ウィリアムズに師事した。一九八九年、ベジャール・バレエ・ローザンヌに入団。入団後まもなく『火の鳥』のタイトルロールや『春の祭典』の〈二人の若い男〉に抜擢される。一九九三年、ベジャールが三島由紀夫をテーマに東京バレエ団のために創作した『M』では、振付アシスタントを務めるとともに、三島の分身〈Ⅳ-シ（死）〉を初演し、高い評価を得た。精確なテクニック、明るく透明感のあるキャラクター、鋭い演劇性で観客を魅了し、ベジャール・バレエの中心ダンサーとして活躍。『中国の不思議な役人』のタイトルロール、『シェヘラザード』のシェフ、『くるみ割り人形』の〈猫のフェリックス〉、『バレエ・フォー・ライフ』の「ミリオネア・ワルツ」「ウィンターズ・テイル」などを踊る。二〇〇二年四月には歌舞伎の名女形である故・中村歌右衛門へのオマージュとしてベジャールが創作した『東京ジェスチャー』を世界初演した。〇三年、腰椎の故障のため、惜しまれつつもベジャール・バレエ・ローザンヌを退団。現在、俳優やベジャール作品の振付指導者として活躍している。

ANGEL
CORELLA
アンヘル・コレーラ

すばらしいテクニックと躍動感を通して、踊る楽しさをまっすぐに伝えてくれるダンサー、それがアンヘル・コレーラだ。少しばかり元気のないときも、彼のダンスを観たら、しょんぼりなどしてはいられない。高いジャンプ。目の回るようなターン。踊りを愛し、技術自体のみごとさとともに、全身にあふれる「踊るよろこび」が、ぐんぐんと心に迫ってくる。その楽しさを素直に表わすことが、どれほど観る人の心をとらえ、明るくしてくれるか。さらにいえば、どれほど生きる力を与えてくれるか。コレーラのステージを観るたび、ひしひしと感じる。

それを改めて確認したのが、二〇〇三年夏の世界バレエフェスティバル。Bプロの最後に、ロイヤル・バレエの可憐なバレリーナ、アリーナ・コジョカルと組んだ彼が登場すると、客席の空気が期待で盛り上がる。演目は『ドン・キホーテ』のグラン・パ・ド・ドゥだ。まずはアダージオ。ポアントでバランスをとるコジョカルの足元に、空中でくるっと回転したコレーラが、すべりこむように着地する。満面の笑顔はパートナーと観客に、さあ踊ろう、これからもっと楽しくなるよ、と誘いかけているようだ。

ヴァリエーションでは、錐のようなトゥール・アン・レール、回りながらフリー・レッグの位置を変えてゆく、得意のピルエット・アン・ドゥオールが炸裂する。そしてコーダ。コマのように回るコジョカルの後を引き受けて、コレーラのつまさきが大きな円を描きはじめると、自然に拍手が沸き起こる。旋風のようなグランド・ピルエットの最後がぴたりと決まったときにはもう、会場は興奮のるつぼとなっている。

ホセ・カレーニョら、アメリカン・バレエ・シアター（ABT）で活躍をともにする男性ダンサーたちは、コレーラの強みは最後まで持続するパワーだ、という。「彼の踊りは直線的で強い。人が力を抜くところ

前ページ：「モーツァルティアーナ」（ABT　2005年）© Hidemi Seto

でも抜かず、それでいて最初から最後までテンションが落ちない」と。

その力強さは、観客の驚きや賞賛をばねに、ますます増幅する。観客のほうも、持てる力をすべて出し切って応えようとするコレーラの気持ちを感じとり、まるで彼の描く軌跡を追いながらともに踊っているかのような高揚感を味わうことができる。これはコレーラというダンサーの持つ、誰にも真似のできない魅力だろう。

はつらつとしたシンデレラボーイ

コレーラは一九七五年、スペインのマドリードで生まれた。「男は男らしく」がよしとされるお国柄、コレーラも始めは国民的スポーツのサッカーや空手に挑戦したが、なじめなかったという(後のファンにとっては、なんと幸運なことか!)。

そんな彼が、たまたま姉についていったバレエ教室で「天職」に出会った。ジュディ・キンバーグ監督による二〇〇二年のドキュメンタリー「素顔のスターダンサーたち」のなかには、女の子たちに囲まれ、いかにもうれしそうにロシアン・ダンスのステップを踏む七歳のコレーラの映像が収められている。

カレミア・モレノの指導を受け、テクニックを生かして踊るすべを身に付けていったコレーラは、十四歳からヴィクトル・ウラーテのカンパニーに籍を置く。九一年、スペインで行なわれたバレエコンクールで第一位を獲得。だが、真の転機は九四年、パリ国際バレエコンクールに出場したとき訪れる。審査員を務めていたナタリア・マカロワが、彼の素質に注目したのだ。

このとき踊った『ドン・キホーテ』のヴァリエーションを見ると、ちょっぴり気負いを見せながらも、はつらつと踊るコレーラは魅力的だ。想像の域を出ないが、コレーラの放つオーラは、たとえば英才教育を受けたロシアのダンサーたちとは、まったく違う色をしていたことだろう。コレーラはグランプリと金賞を受賞し、マカロワの推薦を受けて渡米。十九歳でアメリカン・バレエ・シアターに入団する。

ソリストとして迎えられた彼は、『ラ・バヤデール』のブロンズ・アイドル、『ジゼル』のペザント・パ・ド・ドゥなどでデビュー。間を置かずバランシン振付の『テーマとヴァリエーション』にも出演し、さっそくABTの広汎なレパートリーの一端に触れることになる。翌年にはプリンシパルに昇格、『コッペリア』『白鳥の湖』など古典の主役や、マクミラン、ロビンズ、さらにはサープやノイマイヤー、ドゥアトら現代振付家の新作にも多く参加するようになる。

共演者にも恵まれた。男性では南米出身のスターであるフリオ・ボッカやカレーニョ、ロシアの技術と優雅さの結晶のようなウラジーミル・マラーホフ、北米出身のさわやかな踊り手イーサン・スティーフェルら、それぞれ異なるバックボーンを持つ個性的なダンサーたちから学び、しのぎを削ることができた。女性ではアマンダ・マッケロー、ジュリー・ケント、ニーナ・アナニアシヴィリなど、こちらも多彩な顔ぶれと共演する機会があった。なかでもアルゼンチン生まれのパロマ・ヘレーラとは年代も近く、若さにあふれたラテン系のカップルとして人気を呼ぶ。スケジュールが許せばミラノ・スカラ座バレエやロイヤル・バレエにも客演し、ヨーロッパの伝統あるオペラ・ハウスで、アレッサンドラ・フェリやヴィヴィアナ・デュランテら、表現力豊かなバレリーナたちと舞台を踏んだ。

この時期のコレーラの輝きを知る手がかりとなるのが、九七年のABTのガラ・コンサートの様子を収めた「アメリカン・バレエ・シアター　スターの饗宴」と、〇〇年にミラノ・スカラ座でフェリと共演した『ロミオとジュリエット』の映像である。前者でコレーラは、引き締まった身体を白い衣裳に包み、ヘレーラと『ドン・キホーテ』パ・ド・ドゥを踊る。その身のこなしの軽やかさ、切れ味の鋭さは、自信にあふれた現在のコレーラとはまた違う、若々しい魅力に満ちている。そしてロミオは、巧みな表現力とはいえぬまでも、目の前の愛だけを見つめて、ひたすらにジュリエットに寄り添おうとする姿が切なく、甘い。コレーラの若さとロミオの若さが、そこではぴったりと重なっている。

限りない魅力を秘めた原石としてマカロワに見い出されたコレーラは、ABTという綺羅星の集団のな

「アザーダンス」（ABT）© Roy Round

「ドン・キホーテ」パロマ・ヘレーラと（ABT）©MIRA

かで、磨かれ、輝きを増した。ニューヨーク・シティ・バレエなどと比較して、教育システムやコンセプトの確立していないことを指摘されることのあるＡＢＴだが、挑戦できる作品の幅広さに加え、国籍も舞踊スタイルもさまざまな踊り手が混じり合って醸し出す自由闊達な雰囲気は、他のどのバレエ団よりもコレーラの性格に合っていたのではないだろうか。

エンジェル、日本で微笑む

コレーラが初めて日本の観客の前に現われたのは、九六年に行われたＡＢＴの来日公演だ。入団から一年目、まだソリストだったコレーラは、『マノン』のベガー・チーフ、『白鳥の湖』第一幕のパ・ド・トロワなどに出演。なかでもパ・ド・トロワの記憶は、今もあざやかだ。少年ぽさの漂う顔に、その名のとおり天使のような笑みを浮かべたコレーラは、今ここで踊れることがうれしくてたまらないように、全身をバネにして晴れやかに宙を舞った。爽快なジャンプは、舞台に漂う悲劇の色合いを吹き払っていく風のよう。また、同じ公演のガラでヘレーラと踊った『チャイコフスキー・パ・ド・ドゥ』も、多くの人の胸にさわやかな印象を残した。幸福感に満ちた音楽に二人のしなやかな動きが絡み、お互いを見る視線を通してフレッシュな情感が響き合う。今はそれぞれ別のパートナーと踊ることが多い二人だけに、このとき見せたデュエットの美しさは、なおさら深く心に残る。

その後、日本バレエフェスティバルに参加、『海賊』や『ドン・キホーテ』のパ・ド・ドゥを踊り、明るいキャラクターと並外れたパワーを一部のファンに印象づけたが、いっそう多くの人にその存在を知らしめたのは、〇二年のＡＢＴ来日公演だっただろうか。

このときもっとも注目を集めたのは、ケント、スティーフェル、カレーニョら、オールスター・キャストによる『海賊』。コレーラは当たり役のアリを踊った。コンサートでのパ・ド・ドゥではにこやかに踊るコレーラだが、全幕でのアリには、初めから終りまで、トレードマークの笑顔を封印したまま挑む。カーテンコールまで笑わない徹底ぶりをインタビューで質問され、返した答えが、いかにも彼らしいストレートさだ。「なぜなら、アリは奴隷だから。奴隷は主人に仕えるもので、ほんとうの意味で自分の生活はない。ぼくは舞台を通して、役柄を貫きたいと思っています」

表情が抑えられたせいか、ジャンプやターンに込められた爆発的な力が、いつも以上に目を奪う。「アリは鷲や豹のようなイメージ」とも語るコレーラだが、彼には珍しいクールな表情は、このときのアリに、生き物というよりは獲物に向かって飛んでいく鋼の矢のような、不思議な魅力を与えていたような気がする。

〇三年にはコジョカルとともに、初めて世界バレエフェスティバルに登場。はじめに触れた『ドン・キホーテ』に加え、マクミラン版『マノン』の寝室のパ・ド・ドゥ、バランシン振付の『チャイコフスキー・パ・ド・ドゥ』などを踊った。

初来日の頃に比べ、格段の自信と貫禄が身に付いてきたコレーラだが、振り返れば、これだけ親しまれていながら、その魅力はまだ一部しか日本では披露されていないともいえそうだ。本格的な古典全幕バレエの主役はまだ日本で踊っていないし、本国では評価の高いコンテンポラリー作品を観る機会もあまりない。『ドン・キホーテ』の陽気なバジルも、パ・ド・ドゥだけでなく、ぜひ全幕のなかで観てみたいのだが……。

スペインのバレエ界のために

「スペイン人の気質ははっきりしてるよ。情熱的で迷わない。その一瞬を大切にする。家族はぼくにいつもいうんだ。ダンサーである前に人間であれ、ってね」

同じＡＢＴで踊る姉のカルメンといっしょに、今も休暇のたびにスペインの家族のもとへ帰るというコレーラは、そういう。好きな言葉は「Learn and share」……学び、そして分かち合う。つねに前向きでいたい。どんなときでも、最後には笑っていたい。

どれも舞台の上のコレーラのイメージにぴったりの言葉だ。いつも笑顔を絶やさない印象から、明るいイメージばかりが一人歩きしがちだけれど、同時多発テロ後の〇二年に来日した際、インタビューで語った言葉も忘れられない。

「いつも今日が最後の日かもしれないと、心のどこかで思っている。だからこそ今は、人々と幸せを分かち合いたい」

そんな彼が今、スター・ダンサーとしての多忙な活動の合間を縫ってすすめているプロジェクトがある。バレエがいまだ親しまれているとはいえない故郷スペインに、本格的なバレエ学校を作るという計画だ。さらには、そこから巣立った若者たちが活躍できるクラシックのカンパニーを設立することも視野に入っているらしい。完成すれば、かつてのコレーラのような才能ある若いダンサーたちが世界に躍り出るチャンスは、大きく広がるに違いない。全身からポジティブな輝きを発散させるコレーラの踊りを見ていると、その夢は近い将来、必ず実現するだろうと思えてくる。

アンヘル・コレーラ

一九七五年十一月八日、スペインのマドリッド生まれ。姉カルメンのレッスンについて行ったのを機に、マドリッド近郊のコルメナル・ビエボでバレエをはじめる。その後マドリッドでカレミナ・モレノとヴィクトル・ウラーテに学ぶ。

一九九一年五月、スペイン国内コンクールで一位を獲得。九四年十二月、パリ国際バレエコンクールでグランプリと金メダルを獲得する。このとき審査員を務めていた往年のプリマ・バレリーナ、ナタリア・マカロワのすすめで、九五年四月にABTにソリストとして入団。九六年八月、プリンシパルに昇進する。

レパートリーには、『ドン・キホーテ』『白鳥の湖』『ラ・バヤデール』『ジゼル』『海賊』『ロミオとジュリエット』『シンデレラ』『メリー・ウィドウ』『ライモンダ』『じゃじゃ馬馴らし』『オネーギン』などがある。九六年七月のABT日本公演で初来日。

二〇〇三年スペインの国民栄誉賞を受賞。二〇〇八年、スペインに自身のバレエ団を創設した。

ETHAN STIEFEL
イーサン・スティーフェル

二〇〇四年秋の、新国立劇場バレエ団『ライモンダ』第二幕。吉田都演じるライモンダが、今まさにサラセンの騎士アブデラクマンによって連れ去られようという瞬間、ライモンダと相思相愛の婚約者にして十字軍の騎士、ジャン・ド・ブリエンヌがその前に立ちはだかる。白い衣裳と金髪が暗い背景に映え、アブデラクマンに決然と闘いを挑む表情が、観る人を自然に惹き付ける。さっそうとした身のこなし、決闘を申し込む態度の凛々しさ、そして終幕のグラン・パでは、ライモンダとの相思相愛の雰囲気のなか、高度なジャンプや多彩なリフトを苦もなく見せる。カーテンコールの後までもあたたかくさわやかな印象の残るヒーロー、それがアメリカン・バレエ・シアター（ABT）のイーサン・スティーフェルだ。

映像のなかのヒーロー

現在、アメリカはもとよりヨーロッパ、ロシア、日本など世界中で活躍するスティーフェルだが、彼を映像で初めて知ったという読者も多いのではないだろうか。

二〇〇〇年製作のニコラス・ハイトナー監督『センターステージ』は、プロのダンサーを目指す若者たちのそれぞれの歩みを描いた映画だが、この作品にスティーフェルは架空のバレエ団〈アメリカン・バレエ・カンパニー〉のダンサー、クーパー役で出演している。バレエ団きってのスターで、バレエ・スクールの生徒の憧れを一身に集めるという設定は、いうまでもなく現実の彼によく似ている。野心家でプレイボーイ的なクーパーはヒロインを泣かせるちょっと複雑な役どころではあるけれど、映画のなかには見応えのあるダンス・シーンが数多く登場する。やはりバレリーナ役で出演しているジュリー・ケントと、ガ

前ページ：「オネーギン」（ABT 2001年）© Hidemi Seto

ラ・コンサートで『ロミオとジュリエット』バルコニーのパ・ド・ドゥを踊るシーンでは、スティーフェルならではの風を切るようなジャンプが画面いっぱいに躍動する。『スターズ＆ストライプス』で、鮮やかなブルーの衣裳の彼が披露するバネのきいたジャンプも圧巻。ラフなレッスン着に着替え、ブロードウェイのダンス・スタジオでノリのいいジャズを踊りまくる姿も新鮮だ。

九九年にカリフォルニアのオレンジ・カウンティで収録された『海賊』も、スティーフェルが大活躍する映像のひとつだ。アメリカのファッション誌から抜け出たようなケントのメドゥーラ、嵐のようなジャンプや回転を連発するアンヘル・コレーラのアリ、そしてウラジーミル・マラーホフが演じるけれん味たっぷりのランケデムなど、ＡＢＴのプリンシパルたちが綺羅星の如く顔をそろえた舞台で、スティーフェルが踊るのは海賊の首領コンラッド。金髪にスカーフを巻き、いつもは見ないヒゲを付けたスティーフェルは、ディズニー映画のヒーローのようなさわやかな笑顔で、胸のすくようなジャンプやターンをつぎつぎに繰り出す。音楽のさらに先へと駆け抜けてゆきそうな勢いのよさは舞台をぐんぐん加速させ、祝祭的な舞台をさらにいっそう盛り上げた。

NYCBからABTへ

スティーフェルは一九七三年にアメリカ合衆国ペンシルヴェニア州で生まれた。両親はバレエとは無縁だったが、姉といっしょに体操教室、続いてバレエ教室に通いはじめる。ミルウォーキー・バレエ・スクール、ペンシルヴェニア・ユース・バレエなどを経て、十四歳でスクール・オヴ・アメリカン・バレエ（ＳＡＢ）に入学、夏期にはミハイル・バリシニコフのスクールにも通った。プロのダンサーになろうと思ったのはこの頃だという。

八九年に十五歳でローザンヌ国際バレエコンクールでキャッシュ・プライズを受賞した後、ニューヨーク・シティ・バレエ（ＮＹＣＢ）に入団。けがによる休団、チューリヒ・バレエでの仕事などを経験した後ソリストとして復帰し、九五年にはプリンシパルに昇格した。バランシンやロビンズの作品を踊るのはもちろん、芸術監督ピーター・マーティンズの『フィアフル・シンメトリーズ』を初演するなど目覚ましく活躍したが、二十四歳となる九七年、NYCBとは「ライバル」の関係でもあるABTへの移籍を決意する。

「ぼくが大きな賭けに出たと考える人もいたでしょう。NYCBはすばらしいレパートリーを持つすばらしいカンパニーなのに、と。でも、アーティストとして、ただ安住しているだけでなく、まだ手の届かないところに向けて大きな一歩を踏み出さなくてはいけない。それがぼくのやり方なんです」

そしてこうも語る。

「ぼくらの世代は、もし偉大なダンサーになりたいと思うなら、ひとつのタイプ（の作品）だけでなく、ネオ・クラシックやロマンティックな古典作品、モダンやコンテンポラリー、すべてを学ぶことが必要だと思う。それにぼくはいつだって新しく挑戦することに興味がある。もっと単純にいえば、ABTのレパートリーを踊ってみたかったんです。もしやらなければ、ダンサーを引退するとき、きっと後悔するだろうと思いました」

事実それを機に、彼は古典バレエやマクミラン振付など、移籍しなければ考えられなかった作品で大いに活躍するようになる。ABTでの最初のパフォーマンス『ジゼル』は、彼にとって忘れることのできない舞台になった。数ある古典名作バレエのなかでも『ジゼル』のアルブレヒトは、男性ダンサーにとって最も演技力が要求される役のひとつ。作品やその背景への理解や解釈も問われる。

「（この『ジゼル』は）ぼくにとってターニング・ポイントだったと思います。テクニックと芸術的な面とがこの舞台ですべて一体になった。この瞬間、アーティストとして、人間として、ぼくのキャリアはまったく違う段階に達することができたんです」

九九年からはロイヤル・バレエのゲスト・プリンシパルもつとめ、また〈クラシック・バレエの総本山〉

「海賊」ジュリー・ケントと（ABT 2002年）© Hidemi Seto

映画「センターステージ」(2000年）でスターダンサー、クーパーを演じた。愛車ハーレーに乗るシーンも © Barry Wetcher

マリインスキー・バレエにも招かれるなど、まさに世界を飛び回る活躍が続いている。

貴重なアメリカン・スター

現在、世界のトップを走る男性ダンサーのなかで、アメリカ生まれ、アメリカ育ちのダンサーは少数派だ。二〇〇二年製作の「素顔のスターダンサーたち」にはABTの中心となって活躍する四人の男性ダンサーがとりあげられているが、ここでもマラーホフはウクライナ、ホセ・カレーニョはキューバ、コレーラはスペインと、北米生まれはスティーフェルだけである。

だがスティーフェルの魅力は、まさに自由でのびのびとした「よきアメリカ」のイメージと重なっている。基礎的な運動能力の高さと動きのセンス、そしてスピードと正確なテクニック。ソフトな外見の下には愛車のハーレーのように強力なエンジンが隠されていて、それらを支えている。加えて、誰もが好感を持たずにはいられない、明るくからりとした雰囲気。スターと呼ばれるダンサーには、表現がナルシスティックな方向に傾く人も少なくないが、彼の粘性の少ないサラッとした感情表現は、とても新鮮な印象を与えるのだ。

と書くと、いかにも淡白なダンサーと思われるかもしれないが、〇三年にアレッサンドラ・フェリと踊ったアシュトン版の『真夏の夜の夢』では、素顔の彼とは別人のようなスタイリッシュな演技も披露している。初演者であるアンソニー・ダウエルの直々の指導を受けて妖精王オーベロンを演じたスティーフェルは、「女優バレリーナ」といわれるフェリを相手に、少し誇張された絵画のような、様式的で魅力のある表情やマイムを見せる。ダンスよりも演劇の匂いが濃く漂う作品のなかで観る彼は未知のダンサーのようで、改めて興味をかき立てられた。

スティーフェルは九九年のABT来日公演にも参加し、サープ振付の『プッシュ・カムズ・トゥ・ショヴ』などを踊っているが、その人気がさらに広く、本格的なものになったのは、〇二年の来日公演からだろう。このとき演目のメインになったのは『海賊』。ケント、コレーラ、ホセ・カレーニョ、パロマ・ヘレーラら、先に発売された映像とほとんど同じ豪華なキャストが日替わりで出演するなか、スティーフェルももちろんコンラッド役で登場、彼ならではの屈託のないヒーロー像を熱演して喝采を浴びた。

〇三年、新国立劇場バレエ団のアシュトン版『シンデレラ』で踊った王子も、解放的なコンラッドとは違うスティーフェルの魅力を多くの人に知らしめた。きらめく衣裳を喉元まできちんと着込み、あくまでも端正にふるまうスティーフェルは、どこから見ても一点の翳りも瑕もない理想のプリンス。シンデレラを踊る志賀三佐枝とのハーモニーも申し分なく、夢のように甘く美しい踊りで舞台を彩った。

そして今年(二〇〇四年)の『ライモンダ』で、再び新国立劇場に登場したことは、冒頭でご紹介した通りだ。勇壮なジャンプも速い回転にも目を見張るが、彼ならではの誠実さにあふれた正々堂々のナイトぶりがすばらしい。この舞台を観て、新たに彼のファンになった人も多いことだろう。

未来を見つめる澄んだ瞳

『ライモンダ』出演の合間を縫って行なわれたインタビューで、スティーフェルは多忙な近況について語ってくれた。マリインスキー劇場ではセルゲイ・ヴィハレフが一八九六年の初演版を研究・復刻した四時間に及ぶ大作『ラ・バヤデール』に出演した。これは歴史的・教育的な観点からも興味深く、ダンサーとしても大きなチャレンジだったという。ABTのMET(メトロポリタン歌劇場)シーズンには、久々に再演されるアシュトン振付の『シルヴィア』が待っている。もちろん『白鳥の湖』や『ジゼル』などの古典も、フォーキンやキリアン、フォーサイスの作品も踊る。

現在力を入れている教育の仕事についても、同じように熱のこもった言葉でスティーフェルは語った。彼がマサチューセッツの風光明媚な島で行なっているプロジェクトは「スティーフェル&ステューデンツ」と名付けられている。才能のある若い生徒たちと、ABTの第一線で活躍するダンサーが共同でレッスンし、公演を行なう。すでに昨年は二公演を行なった。

「彼らはプリンシパルたちの踊りを間近で見たり、同じ雰囲気のなかにいるというだけでも多くのことを学べます。ぼくは、ABT、NYCB、ロイヤル・バレエなどのスタイルを、オールラウンドに踊れるような教育を目指しています。実際にアメリカ、マリインスキーやロイヤルからも教師が来ている。それがアメリカン・ダンスという考え方なんです。ぼくたちはいろいろなことができる。それがアメリカのダンサーの興味深いところだと思います。この考え方ややり方をプロモートしていきたいですね」

幼い頃からアメリカの広々とした風景を見てきた澄んだ瞳は、バレエのこともスケールの大きな視点で捉えている。各国のスタイルの違いや世代交代を視野に入れ、若い才能を伸ばす仕事を楽しみながら実行している姿には、将来自らカンパニーを担うであろう器の大きさを感じる。もちろん三十代に入ったばかりの彼は、ダンサーとしても最高の時だ。二〇〇五年のABT来日公演ではアンナ＝マリー・ホームズ版の『ライモンダ』を踊る予定だが、さらに多様な作品での彼も見てみたい。どんなプログラムになるのか、期待がふくらむ。

イーサン・スティーフェル

一九七三年二月十三日、アメリカ・ペンシルヴェニア州生まれ。八歳でバレエを始める。ミルウォーキー・バレエ・スクール、ペンシルヴェニア・ユース・バレエで学んだ後、奨学金を得てSABへ。また、バリシニコフが設立したスクール・オヴ・クラシカル・バレエにも通った。一九八九年には東京で開催されたローザンヌ国際バレエコンクールに参加し、キャッシュプライズを受賞。一九八九年、NYCBに入団し、バランシンやロビンズなどの作品を踊る。一九九二年にチューリヒ・バレエに参加するが、一年後にNYCBに復帰し、一九九五年プリンシパルに昇格した。一九九七年、ABTにプリンシパルとして入団。古典バレエやクランコ振付『オネーギン』のレンスキー、アシュトン振付『真夏の夜の夢』のオーベロンなど幅広い役柄で活躍。映画『センターステージ』（二〇〇〇年）、『センターステージ2』（二〇〇八年）に出演、バレエ・ファン以外にもその人気を広げた。二〇〇七年からノースカロライナ芸術学校舞踊学部で学部長も務めている。怪我のため、二〇〇五年ABT日本公演には参加できなかったが、二〇〇八年の日本公演では久々に元気な姿を見せた。

JOSÉ MANUEL
CARREÑO
ホセ・カレーニョ

キューバのバレエ一家に生まれて

明るい笑顔に白い歯がこぼれる。『ドン・キホーテ』のバジル、『ラ・バヤデール』のソロル。彼が舞台に登場すると、太陽の匂い、乾いた暖かい風が流れてくるようだ。正確な回転、おおらかな跳躍と乱れのない着地、パートナーに向けられる微笑みと差し出される腕の頼もしさに、こちらの胸までほのぼのと温かくなる。

九〇年代、目覚ましい活躍によって注目を集め始めたラテン文化圏出身のダンサーの牽引役として、現在まで第一線で活躍を続けているホセ・カレーニョ。イーサン・スティーフェルやアンヘル・コレーラと並んで、現在のアメリカン・バレエ・シアター（ＡＢＴ）を代表する男性ダンサーであるのはいうまでもない。

カレーニョは一九六八年、キューバのハバナで生まれた。彼自身がいうように、情熱的で踊りが好きな人々の国である。家系には、キューバ国立バレエのプリンシパルとして活躍した叔父ラザロをはじめ、ダンサーとして活躍する人が多い。カレーニョも小さい頃から見よう見まねで跳んだり跳ねたりしていたという。誰に強制されたわけでもない。芯から踊りが好きだったのだ。

キューバの伝説的バレリーナで、キューバ国立バレエと国立バレエ学校を率いるアリシア・アロンソは、レッスンを見学に来ていたカレーニョの印象を後にこう語る。「床に寝そべって、頬杖をついて見つめていた彼の目が忘れられない。生まれながらのダンサーの目だったわ」

熱い目でレッスンを見つめていた少年は、ハバナ州立バレエ学校、キューバ国立バレエ学校で学び、卒業後はキューバ国立バレエに加わって、世界各地の公演に参加した。『コッペリア』、『ドン・キホーテ』、『ジ

前ページ：「ドン・キホーテ」（ABT 2005年）© Hidemi Seto

ゼル』、『白鳥の湖』など、すでに主だった古典作品の主役を踊っていた。

八七年、カレーニョはニューヨーク国際バレエコンクールで金賞を受賞したが、運命を変えたのは九〇年、ジャクソン国際バレエコンクールでのグランプリ獲得である。『ドン・キホーテ』のヴァリエーションなどを鮮やかに踊って会場の視線をさらった若者に、内外のカンパニーからオファーが相次ぐ。そのなかに、ABTのプリンシパルとして長く活躍し、当時イングリッシュ・ナショナル・バレエ（ENB）の芸術監督を務めていたイワン・ナジーがいた。カレーニョはナジーの誘いを受けて、ENBへの参加を決める。

「前の日までハバナの太陽の下でTシャツ姿だったのに、次の日には凍るような寒さのロンドンに降り立っていました。英語も話せず、ひとりぼっちで、全然ハッピーじゃなかった」

だが、生まれ育った土地と大きく異なる文化、人びとのなかで踊る経験は、カレーニョを大きく成長させた。『シンデレラ』『くるみ割り人形』『ロミオとジュリエット』などの全幕バレエ主役や『エチュード』『卒業記念舞踏会』などを踊り、九三年にはイギリス最高のダンスール・ノーブルといわれるアンソニー・ダウエルの誘いで、ロイヤル・バレエにプリンシパルとして入団する。ここでは古典のほかアシュトン作品、マシュー・ハートの『コート・ダンス』、フォーサイスの『ヘルマン・シュメルマン』など、現代振付家の作品もレパートリーに加えた。

「世界でもっとも重要な劇場のひとつであるロイヤル・オペラ・ハウスで、得意の『ドン・キホーテ』バジルを踊るのはほんとうにスリリングな体験だった。よくイギリスの観客はクールだといわれるけど、全然そんなことはなかったよ」（「ダンスマガジン」二〇〇〇年三月号）

笑って語るカレーニョだが、観客の喝采は、彼自身の熱い演技が招き寄せたのに違いない。

ロイヤル・バレエからABTへ

カレーニョが日本の観客の前で華麗な演技をたびたび披露するようになるのは、九五年にアロンソ以来のキューバ人プリンシパルとしてABTに移籍してからのことだ。ABTにはロシア・バレエ出身のニーナ・アナニアシヴィリやウラジーミル・マラーホフ、アルゼンチン生まれのフリオ・ボッカら華やかなスターたちがいた。もちろんレパートリーも古典からバランシン、ロビンズ、サープなど豊富で、カレーニョをおおいに刺激したことは間違いない。

九六年のABT公演でも来日しているが、カレーニョの名が鮮明に記憶に刻み付けられたのは九七年の世界バレエフェスティバル。『海賊』のパ・ド・ドゥでスーザン・ジャフィと組んだ彼は、軽やかな足取りで舞台に現われた。小麦色の上半身をやわらかく屈め、ポアントで立つジャフィをそっと支える。サポートの的確さは、ジャフィのリラックスした表情からも伝わってくる。ヴァリエーションでカレーニョの身体は重力を忘れたように颯爽と空中に舞い上がるが、決して勢いに任せて荒々しくなることはない。動作の初めと終りがじつに折り目正しく、ため息が出るほど美しい。

出演者はいずれ劣らぬテクニシャン。超絶技巧だけなら驚きはしないが、快いリズムで流れてゆくその踊りの端正さに、目を洗われる思いだった。

ジェニファー・ゲルファンドとの『ダイアナとアクティオン』にも、同様の心地よい驚きがあった。うっかり踊れば男女が技を誇示しあうだけになりかねない危うさのある演目だが、二人が踊り始めた瞬間、そんな心配はかき消えた。音楽に同調する自然な動き。引き絞った弓のように身を反らせる空中姿勢のみごとさ。旋風のようにスタートした回転が徐々にスピードを緩め、降ろされた足がぴたりと床を捉える瞬間は、まさに快感だ。この日カレーニョはクラシック・バレエの持つ本来の優美さを、改めて隅々まで見せてくれたといってもいい。

バレリーナのベスト・パートナー

野性味と節度が絶妙のバランスを保つ、コントロールのきいた踊り。胸と首、腕のカーヴと指先の美し

上／「アンナ・カレーニナ」ヴィヴィアナ・デュランテと（日本バレエ協会公演　1998 年）© Arnold Gröschel
下／「海賊」スーザン・ジャフィと（マラーホフの贈り物　1998 年）© Arnold Gröschel

い関係、さりげないタンデュの際のぴんと伸びたつまさき。書家が真っ白な紙に一筋の乱れもなく文字を書いてゆくのに似た清々しさが、カレーニョの踊りにはある。

　優れたパートナーシップも彼の特徴のひとつ。アロンソからカルラ・フラッチ、アレッサンドラ・フェリ、ヴィヴィアナ・デュランテ、吉田都など世界的なバレリーナたちと踊り、多くのバレリーナからベスト・パートナーと名指しされるカレーニョは、そのすばらしい力を賞賛されるたび、キューバのバレエ学校で受けた教育の優秀さを指摘する。

「ぼくたちにとっては、パートナーがもっとも大切。ぼくが学校で教わったのは、パ・ド・ドゥを踊るときはいつでも、バレリーナの背後で、彼女を助けるようにということ。パ・ド・ドゥ全体を、二人のコンビネーション全体をコントロールすることはプレッシャーでもあります。でも、すべてがうまくいったときは、お互いにとても幸せな気持ちで踊ることができるんです」（「ダンスマガジン」一九九九年七月号）

　そして舞台の上から観客に向けて穏やかな言葉で語りかけるかのような、温かい笑顔、開かれた雰囲気も魅力だ。思えばＡＢＴの一世代上の大スター、カレーニョと同じくキューバ人の両親を持つフェルナンド・ブフォネスも、よく似たオーラを持っていた。数々の古典バレエやバランシン、ロビンズの作品でブフォネスが見せた、非の打ちどころない踊りと温かなパーソナリティは忘れられない。そのブフォネスやバリシニコフが作ったＡＢＴ男性ダンサーの華やかな系譜に、カレーニョはまさにふさわしいダンサーといえるだろう。

「ぼくらはラティーノ。観客にダンスを観る楽しさを与えられるんです。ロイパ・アラウホが〈観客との間にある種のラヴ・ストーリーを生み出さないとならないのよ〉といっていたけど、真実だと思う。ぼくとパートナーが何かを分かち合い、その温かいコミニュケーションが観客にも伝わる。こんな美しいことはないですね」

　九九年のＡＢＴ来日公演で踊ったマカロワ版『ラ・バヤデール』のソロルも心に残る。日替わりで踊ったマラーホフが揺れ動く心を女性顔負けの柔軟な動き、神憑かり的な表情で演じたのに対し、カレーニョのソロルは優しさのなかにも端然とした佇まいを崩さぬ戦士。その凛々しさが、滅んでゆく男の哀しさをいっそう際立たせた。

二〇〇〇年には、パロマ・ヘレーラ、フェルナンダ・タヴァレス=ディニス、ローランド・サラビア、ホアキン・デ=ルースらが顔を揃えた公演「ラテンの旋風《かぜ》」のリーダーとして、世界で活躍するラテン系ダンサーの勢いをアピール。ことに彼がヘレーラと踊った『海賊』『ディアナとアクティオン』は風のように軽やかな余韻を残し、公演の白眉となった。

愛を届けるアーティストに

二〇〇一年。カレーニョがマリインスキー劇場に招かれてスヴェトラーナ・ザハーロワを相手に『ラ・バヤデール』を踊り、秋にはボリショイ劇場で『ドン・キホーテ』を踊った記念すべきこの年に、アメリカでは同時多発テロが勃発し、ABTの活動にも大きな影響を与えた。団員の心にも濃い影が落とされた。だが多くの団員同様、カレーニョの踊りへの思いも揺るがなかった。

「飛行機が飛ばず、ツアーが続けられるか危ぶまれた。でも、全員がバスでツアーを続けることに賛成したんだ。すばらしい献身だったと思います」

翌年のABT来日公演、『海賊』全幕でカレーニョが踊ったのは奴隷商人ランケデム。スティーフェル、コレーラ、デ・ルースらがはじけるような踊りを競うなかで、ずば抜けて安定した踊りで存在感を見せた。『メリー・ウィドウ』ではアナニアシヴィリと組み、一分の隙もない燕尾服姿で押しも押されもせぬスターの貫禄を醸し出す。〇三年の世界バレエフェスティバルでは『黒鳥のグラン・パ・ド・ドゥ』ほかでタマラ・ロホを余裕を持って支えていたのが記憶に新しい。

〇五年も、ABTでは『ドン・キホーテ』など古典を中心とした予定が目白押しだ。「トップに登り詰めるのは難しいけれど、その座を守り、高いレベルを保ち続けることはもっと難しい。でもぼくはいつだって楽しんで踊っているよ。なぜならそれがキューバ生まれの自分の気質。ぼくは道でだって踊る人間だからね（笑）」。そんな言葉が思い出される。

読書、映画、アートなど、偏らない旺盛な好奇心が彼の前進を支えている。円熟へと向かうカレーニョのキャリアに、新たに加わってくるのは後に続くダンサーの卵たちへの思いだ。毎日のレッスンが何よりも大切と考える彼は、たびたびワークショップを行ない、自らの演技を通してバレエの楽しさと基本の大切さを子どもたちに教えている。経済的に恵まれない自国の子どもたちを支援したいという思いも切実だ（かつてキューバの子どもたちにバレエ・シューズを、と日本で呼び掛けたこともあった）。

二十一世紀にアーティストが果たす役割はと問われ、人々に愛を届けること、と迷いなく答えるカレーニョ。そんな彼なら、きっと着実にバレエのすばらしさを子どもたちに手渡してくれるに違いない。

ホセ・カレーニョ

一九六八年、キューバのハバナ生まれ。キューバ国立バレエのプリンシパルだった叔父ラザロをはじめ、ダンス関係者に囲まれて育つ。弟のジョエルも現在キューバ国立バレエで活躍中。キューバの州立バレエ学校と国立バレエ学校で学んだのち、キューバ国立バレエに入団。若くして、『コッペリア』『ドン・キホーテ』『ジゼル』『白鳥の湖』など、古典作品の主役を務める。一九八七年にニューヨーク国際バレエコンクールで金メダル、九〇年アメリカのジャクソン国際バレエコンクールでグランプリを獲得する。

ジャクソンの受賞をきっかけに、芸術監督のイワン・ナジーに招かれ、一九九〇年ENBに入団。九三年には芸術監督アンソニー・ダウエルの招きで、ロイヤル・バレエにプリンシパルとして移籍。

一九九五年六月、ABTにプリンシパルとして入団。古典作品に加え、バランシンの『アポロ』『放蕩息子』『テーマとヴァリエーション』、ロビンズの『ファンシー・フリー』、マクミランの『ロミオとジュリエット』『マノン』、クランコの『じゃじゃ馬馴らし』などを踊っている。

ANDREI
UVAROV
アンドレイ・ウヴァーロフ

NIKOLAI
TSISKARIDZE
ニコライ・ツィスカリーゼ

この半世紀ほどの間、ボリショイ・バレエは、ダンサーについてもパフォーマンスにおいても、「男性的でダイナミック」というイメージを保ち続けている。一九六四年から九五年まで、三十年以上に渡って芸術監督を務めた振付家ユーリ・グリゴローヴィチの作風が、男性群舞の力強さを前面に押し出したものであるのは有名だ。なかでも『イワン雷帝』『スパルタクス』等、カリスマ的な男性ヒーローを主役にした作品は、ウラジーミル・ワシーリエフ、イレク・ムハメドフら輝かしいスターの存在を世界に知らしめ、ボリショイの男性ダンサー＝ワイルドでたくましい、というイメージを決定的にしたのだ。

そのいっぽう、ボリショイ・バレエはニコライ・ファジェーチェフやその息子アレクセイ、そしてアンドリス・リエパなど、王子役の似合うノーブルなダンサーの宝庫でもあったのを忘れるわけにはいかない。現在のダンサーたちのなかに、その流れはどのように生きているのか。それを垣間見る好機が二〇〇二年の秋の来日公演だった。ひときわ興味を引かれたのが、アンドレイ・ウヴァーロフとニコライ・ツィスカリーゼである。『眠れる森の美女』のデジレ王子役を日替わりで務めた二人は、かたや「これぞデジレ」という踊り、かたや型破りなアプローチで新鮮な驚きを与えてくれたのだった。

高貴なダイヤモンド、ウヴァーロフ

一九〇センチの長身と端正な美貌に、ボリショイ伝統の高貴さと男性的な力強さが理想的なバランスで同居しているのが、ウヴァーロフの持ち味だ。ウヴァーロフはニコライ・ファジェーチェフに、ノーブルな役柄についての心構えを「いつも自然体であるように」と教えられたというが、なるほど彼の演技には、

前ページ右：ニコライ・ツィスカリーゼ「ラ・バヤデール」（ボリショイ・バレエ　2006年）© Arnold Gröschel
前ページ左：アンドレイ・ウヴァーロフ「ライモンダ」（第10回世界バレエフェスティバル　2003年）© Hidemi Seto

過剰なものも不自然なものもない。舞台での彼は、色ならば白、宝石に例えれば無色透明、かつ最も高貴なダイヤモンドのような石だろう。気品があって力強く、個性がありすぎないのが個性。美しいが女っぽくはなく、強いけれども男性的すぎはしない。

その彼が〇二年の『眠れる森の美女』第三幕でニーナ・アナニアシヴィリと踊ったアダージオは、まさに大輪の花だった。初演版を意識した豪華な群舞や美術から、ひときわ抜きん出たその姿の風格と全体への調和は、それはみごとなもの。落ち着き、美しさ、品格すべてに文句の付けようがなく、『眠れる森の美女』という作品の印象が、いかに中心の二人の演技、というよりも持ち味に左右されるところが大きいかを改めて思うことにもなった。

ごく普通の活発な男の子だったウヴァーロフがダンサーの道に入ったのは、軽い気持ちで地区のバレエ学校に通い始めたのがきっかけという。その学校の先生に才能を見込まれ、ボリショイ・バレエ学校への転入試験を受け、半年間の補欠入学からレッスンを始める。本人はスポーツ感覚で、プロ・ダンサーへの心構えができてきたのはかなり上級に進んでからだったようだが、逸材であることは誰の目にも明らかだったろう。八九年の卒業と同時にボリショイに入団、九一年には早くもプリンシパルになった。

九三年の来日公演でグリゴローヴィチ版『ロミオとジュリエット』の主役を踊った頃から、日本でも注目され始めるが、当時はまだ若かった。すらりとした容姿と素直な演技は魅力的だったものの、ティボルトを演じるヴェトロフの凄まじいまでの迫力には、やや押され気味。しかし、それから鍛練と舞台経験に磨かれ、本来の魅力がだんだん表面に表われてきた。

ぐっと貫禄が出た、と感じたのが九九年の『ジゼル』。幕開きから間もなく、アルブレヒトが従者に向かって「去れ」と身ぶりで示す場面があるが、わずかに手を数センチ動かすだけで、ウヴァーロフはみごとに貴族の威厳を表現してみせた。これればかりはどれほど練習しても、たとえ頭でわかっても、表現できない人はできないのではないか。そのダンサーがノーブルかノーブルでないか、観客が無意識に感じとるのも、もしかしたらこんな瞬間なのだろう。

長身から繰り出される力強い跳躍や回転は、『バヤデルカ』のソロル、『ライモンダ』のジャン・ド・ブリエンヌのような高貴な戦士の役にすばらしい説得力を与える。ノーブルといわれるダンサーの多くが苦手とする『ドン・キホーテ』のバジルがみごとに決まるのも、このダイナミックな大技があるからなのだろう。舞台映えするスリムな長身を赤と黒の衣裳に包み、涼しい顔で大きなジャンプを決める〝かっこよさ〟は、世界を見渡しても並ぶ者がない。演技の端々に粋な味付けを巧みに織り込む西欧のバジルたちとはひと味もふた味も違う、豪快なロシアのバジルである。

若い頃はインナ・ペトローワ、最近はガリーナ・ステパネンコらと破綻のないパートナーシップを見せているが、いま、そんな彼の魅力を最大に引き出してくれるパートナーは、『眠れる森の美女』でも共演したアナニアシヴィリなのかもしれない。彼の奥ゆかしい舞台マナーがもっとも映えるのが、華やかなアナニアシヴィリと組んだときなのだ。『眠れる森の美女』の匂い立つような気品とはまた違い、『ドン・キホーテ』でウヴァーロフが身長いっぱいに高々と彼女をリフトし、また床すれすれにフィッシュ・ダイヴを決める様子には、ジェットコースターに乗って疾駆するような、スケールの大きな爽快感があった。アナニアシヴィリにとっても、同じボリショイ育ちの彼は、身長や感性の面からいっても、非常にバランスのいい相手なのではないだろうか。九八年のアナニアシヴィリ主宰公演では、ラトマンスキー振付の『夢の中の日本』など、現代作品にものびのびと挑戦していたウヴァーロフ。今後、二人の共演を見る機会がもっと増えていくことを期待しよう。

あふれる生命力、ツィスカリーゼ

美と強さと、感情と理性と、どちらにも傾き過ぎない天秤。そんなシンメトリックなところがウヴァーロフの魅力なら、ツィスカリーゼの魅力は、明らかにアシンメトリックなところにある。あふれるばかり

アンドレイ・ウヴァーロフ「ドン・キホーテ」ニーナ・アナニアシヴィリと（グルジア国立バレエ　2007 年）© Hidemi Seto

ニコライ・ツィスカリーゼ「スペードの女王」イルゼ・リエパと（ローラン・プティ　グラン・ガラ　2003 年）© Hidemi Seto

に豊かな感情、常識を超えてしまいそうな力強さ。そんな彼を誰の系譜に連なるダンサーといえばいいのかは迷うところだが、その強いキャラクターはいかにもロシア的、そしてボリショイらしいという気もするのだ。

グルジア共和国、トビリシ生まれのツィスカリーゼは、ウヴァーロフより二歳年下だ。三歳のとき母といっしょに『ジゼル』の舞台を観て、大きくなったらバレエ・ダンサーになる、と決意したという。念願かなってトビリシのバレエ学校の入学テストを受けたのは、ウヴァーロフがバレエを始めたのと同じ、十歳のときだ。「先生たちはぼくに特別な才能があると言ってくれたけど、母は信じなかった。モスクワ（舞踊学校）でもそう言われて、やっと納得してくれたんだ」

入団は九二年、プリンシパル昇格は九五年。二〇〇一年にルドルフ・ヌレエフ以来のロシアの男性ゲスト・ダンサーとしてパリ・オペラ座で踊ったことを誇りに思い、母親がそれを知らずに亡くなったことを残念がる。自らを語る言葉からはっきりとうかがえるのは、ダンサーとしての自信と自負だ。バレエに選ばれるのを待ってなどいなかった、自分のほうから選んだのだと言わんばかりの勢いが微笑ましい。表現したいものをたくさん持って生まれた、生来のアーティストなのだろう。

ウヴァーロフとの競演となったデジレでは、正反対ともいえるほど個性的な表現が印象的だった。デジレを踊るために、『眠れる森の美女』の着想のもととなったフランス国王ルイ十四世に注目し、彼に関する本を読み、ポートレートを見て、髪型から付けぼくろの位置まで研究して舞台に臨んだ。デジレ登場の場面の、目が醒めるようにエネルギッシュなマネージュは、馬に乗って狩にやってきたはずのデジレの躍動感を表現したい、といういかにも彼らしい解釈から生まれたもの。そしてデジレ登場から終幕までを通じて観客を圧倒したのは、繊細可憐なスヴェトラーナ・ルンキナのオーロラ姫を強引にさらっていってしまうかのような並外れた力強さだった。積極果敢な役へのアプローチ、それが成功することを信じて疑わない、楽天的とさえいえそうな心の強さ。そのバレエへの情熱自体、感動的だ。

デジレを踊るときは金髪に変えていたが、もともと黒髪、黒い目、濃い眉のくっきりした風貌。ウヴァーロフ同様に長身で手脚の長い恵まれた体格だが、男性としては珍しいほどの柔軟さが、その踊りに野生的でエキゾティックなニュアンスを与える。

現在はアルブレヒトやジークフリートなど王子役を踊る機会が多くなったが、個性的な役をいきいきと演じていた姿も忘れがたい。ラヴロフスキー版『ロミオとジュリエット』のマキューシオ役で、ティボルトを一代の当たり役とするヴェトロフと演じた広場の決闘は圧巻だった。それほど近くから観たわけではないのに、からかい、挑発、苦痛まで目まぐるしく変わる表情が、映画のクローズアップのようにはっきりと目のなかに残っている。また王=悪魔というユニークな解釈で話題となったワシーリエフ版『白鳥の湖』を、ツィスカリーゼ演じる王の強烈な存在感によって記憶されている方も多いのではないだろうか。日本ではまだ全幕を観る機会がないが、パリで踊った『パヤデルカ』のソロルや、ピエール・ラコット復刻による『ファラオの娘』のタホールなども、さぞかし彼の雰囲気にぴったりだろう。

現在、彼の胸のなかには、マシュー・ボーンの『白鳥の湖』、ベジャールの『ボレロ』や『春の祭典』など、踊りたい作品が具体的なタイトル入りで、はちきれるほど詰まっている。そのなかで、ダンサーとして充実した時期にローラン・プティとの出会いが果たせたのは、彼にも観客にも幸運なことだったに違いない。

日本で披露されたなかから印象的なものを挙げると、まず『若者と死』。若者を踊るツィスカリーゼは舞台が狭く感じられるほどの熱演で、プティ作品特有の死のイメージより、むしろあふれる生命力が心に残った。

唸らされたのは、「ローラン・プティ・グラン・ガラ」での、プーシキン原作『スペードの女王』である。抜粋だったが、カードに魅入られ自らを見失ってゆくゲルマンの心理が躍動感のある踊りと豊かな表情でみごとに表現され、ぐいぐいとドラマのなかに引き込まれる。これは何としても全幕を観たい、という気にさせられた。再制作に当たり、振付がロシア風か否かをめぐってプティと意見の衝突があったというが、それさえもツィスカリーゼにはいい刺激となったようだ。

＊

これほどに違う二人がいま、興味深いことにそろって『マノン』のデ・グリュー役に意欲を示しているという。可憐な娼婦マノンに翻弄され、転落してゆく神学生を、二人はそれぞれどう演じようと考えているのだろう。想像どおり、昼と夜ほどに違う表現になるのだろうか……？

混じり気のない白のオーラをまとったウヴァーロフと、強烈な極彩色をまとうツィスカリーゼ。こうして二人を見ていると、ボリショイ・バレエばかりでなく、広い意味での男性ダンサーの魅力の奥深さ、幅広さを、改めて思わずにはいられなくなる。

アンドレイ・ウヴァーロフ

一九七一年九月二十八日、モスクワに生まれる。ボリショイ・バレエ学校でアレクサンドル・ボンダレンコに学ぶ。八九年に卒業後、ボリショイ・バレエに入団。九一年プリンシパルに昇進する。ボリショイ劇場の古典レパートリーのほとんどに主演する、理想的なダンスール・ノーブル。九八年にはアレクセイ・ラトマンスキー振付『夢の中の日本』を初演、現代作品にも意欲を見せている。九五年大阪世界バレエ・コンペティションで第一位。ボリショイ・バレエ日本公演をはじめ、世界バレエフェスティバル、アナニアシヴィリのグループ公演、国内外のバレエ団への客演など来日の機会も多い。

ニコライ・ツィスカリーゼ

一九七三年十二月三十一日、グルジア共和国トビリシに生まれる。地元でバレエをはじめ、八七年ボリショイ・バレエ学校に入学、マラーホフらを教えたペーストフに師事する。九〇年バレエ学校公演で初来日。九二年卒業後、ボリショイ・バレエに入団する。九五年プリンシパルに昇進。九七年モスクワ国際バレエコンクール第一位。ロシアで絶大な人気を誇り、〇一年ローラン・プティの『スペードの女王』と〇三年『ノートルダム・ド・パリ』のボリショイ・バレエ初演で主演を務める。〇一年十二月には、パリ・オペラ座バレエに招かれ、ヌレエフ版『ラ・バヤデール』のソロルを踊り、大きな話題になった。

ROBERTO BOLLE
ロベルト・ボッレ

MASSIMO MURRU
マッシモ・ムッル

バレエの萌芽はルネサンス時代、イタリアの豊かな貴族社会で生まれた。イタリアはまた、十九世紀のカルロッタ・グリジ、ファニー・チェリート、二十世紀にはカルラ・フラッチ、アレッサンドラ・フェリなど、すぐれたバレリーナを世に送った国としても有名だ。男性ダンサーでは二十世紀はじめにダンサー・教師として活躍、チェケッティ・メソッドを生んだエンリコ・チェケッティや、六〇年代にベジャール・バレエで活躍したパオロ・ボルトルッツィの名が浮かぶが、ロシアやフランスから続々とスターが登場するのに比べれば、押され気味の感は否めない。しかし一九九〇年代、美しい容姿と才能に恵まれた二人の男性ダンサーが、ほぼ同時に頭角をあらわした。それがマッシモ・ムッルとロベルト・ボッレである。

マッシモ・ムッル、繊細と陰影

ムッルは二〇〇三年、シルヴィ・ギエムを中心とした公演「三つの愛の物語」で、印象的な演技を見せた。『三人姉妹』のヴェルシーニン中佐は、ギエム演じるマーシャと互いにひかれ合いながらも別れを迎える、人生の疲労をほのかににじませた将校。揺れ動く感情を抑えた演技に秘めたギエムと、しなやかな長身を軍服に包んだムッルは、もの静かななかにも情熱的な動きで絡み合い、観客の心を揺さぶる。『マルグリットとアルマン』では、高級娼婦マルグリットにひたむきに恋を捧げる青年アルマンを踊った。強く長い腕が、華やかに装ったギエムを的確にホールドし、前面に押し出す。穏やかにパートナーを見つめる大きな瞳、落ち着いた身のこなしに、哀愁を帯びた独特の魅力が漂う。

ミラノに生まれたムッルは、ミラノ・スカラ座バレエ学校の試験に合格したのをきっかけに、バレエ

前ページ右：ロベルト・ボッレ「アポロ」（第8回世界バレエフェスティバル　1997年）© Kiyonori Hasegawa
前ページ左：マッシモ・ムッル「カルメン」（第9回世界バレエフェスティバル　2000年）© Arnold Gröschel

を学び始める。はじめからプロになろうという強い思いはなかったが、恵まれた資質で伸び、九〇年の卒業と同時にミラノ・スカラ座バレエに入団する。四年後、マクミラン振付の『マノン』をフェリと踊った後、プリンシパルに昇格した。古典からバランシン、ハインド、ショルツなど多彩な振付家の作品を踊るが、真の転機をもたらしたのは九六年のローラン・プティとの出会いだった。『カルメン』を上演するためにスカラ座バレエを訪れたプティは、トレアドールを踊っていた二十歳のムッルに言葉をかける。「きみのテクニックはいい。でも解釈がちがうんだ」と。

「ぼくは争いごとは避けようとする性格だし、まして偉大な振付家を前にびくびくしていたので、『明日はリハーサルに行かない！』と思うほどショックでした（笑）」（「ダンスマガジン」二〇〇三年七月号）

温和なムッルは戸惑うが、すぐにそれがプティの「挑発」であることを悟る。

「その夜、自分のなかでスイッチが入ったというか、発想の転換があった。彼はそれがわかっていて、わざとぼくを殻から解き放とうとしたんだと思う」

同年、プティはコレットの小説を原作とする『シェリ』で、主役を演じるフラッチの相手役にムッルを指名。彼の役はヒロインの元高級娼婦レアがシェリ（愛しい人）と呼ぶ、年下の若者である。後に日本でも世界バレエフェスティバルで披露されるが、若木のようなムッルとエレガントなフラッチの組合わせは、当時も絶妙な味わいだったに違いない。

以後、ムッルとプティは多くの作品で共同作業を行なう。九五年の初来日以降、ムッルが日本で踊った作品も圧倒的にプティのものが多く、マルセイユ・バレエを離れてからのプティがいかに彼を信頼しているかがうかがえる。九七年の世界バレエフェスティバルでルシア・ラカッラと踊ったプティ振付の『ボレロ』は、激烈なベジャール振付とはまったく違う繊細な魅力で観客の心をとらえた。

その後、九八年の牧阿佐美バレエ団『ノートルダム・ド・パリ』や、二〇〇二年新国立劇場バレエ団『こうもり』の主役で注目を集めるが、なかでもこうもりの翼をつけて華やかな夜会にでかけていくヨハンは、上品な二枚目のムッルによく似合った。刑務所の場面でフェリと踊るパ・ド・ドゥは幻想的な美しさ。同じくイタリア出身の芸達者なルイジ・ボニーノがチャップリンばりのコミカルな表情でウルリックを演じ、ムッルのおっとりした味を際立たせていたのも見逃せない。

安定しているがゆえに控えめにも見えるムッルの、意外な顔を垣間見せてくれたのが「ローラン・プティ・グラン・ガラ」でのマニュエル・ルグリとの共演だ。『プルースト』から選ばれた場面は、貴公子サン・ルーと美貌の音楽家モレルによる、男性同士のデュエット。フォーレの「チェロと管弦楽のための悲歌」で、ボディ・タイツに身を包んだ二人が誘惑する者と抗う者の妖しく濃密なパ・ド・ドゥを展開する。

確信に満ちて踊るルグリが光なら、静かなムッルはやはり影だろう。だが長く美しいシルエットが空を切り、ルグリの機敏な動きに一歩も引かず相対するさまは、息をのむほどダイナミック。時に攻撃的に、時に打ちひしがれるように、移り変わる身体の表情に、ふだんは覆われている艶かしさが顔を出す。ムッルというダンサーがいまだ隠し持っている魅力を感じた舞台だった。

ロベルト・ボッレ、輝ける〈華〉

微妙なニュアンスで見せるムッルに対し、ボッレはそこにいるだけで自ずと輝く「華」で魅了するダンサーといっていいだろう。

経歴はよく似ている。六歳でバレエを始めたボッレは十一歳で故郷を離れ、ミラノ・スカラ座バレエ学校に入学。はじめはホームシックにかかってばかりいる少年だったが、レッスンを見たルドルフ・ヌレエフが彼に目を留める。ヌレエフはスカラ座で上演されるブリテン作曲のオペラ『ヴェニスに死す』のタッジオ役に彼を推した。タッジオは主役である老芸術家の前に現れる、若さと美の化身のような少年。演じる者には美貌や均整のとれた身体以上に、輝くオーラがなければなるまい。結局は学校の許可が下りず、出演は幻に終わったが、ヌレエフの推薦はボッレを大いに元気づけた。

「これには自信と希望を与えられました。どんな未来があるかもわからなかったときに、彼が選んでくれたわけだから、すごく嬉しかった。……出演はできなかったけど、ヌレエフに出会えたのはとても幸運でした」(「ダンスマガジン」二〇〇〇年三月号)

九四年、十九歳でスカラ座バレエ入団。二年後、マクミラン版『ロミオとジュリエット』に主演した後、芸術監督エリザベッタ・テラブストからプリンシパルへの昇格を告げられる。

ボッレが日本で鮮烈な印象を残すのはその翌年、九七年の世界バレエフェスティバルでマルタ・ロマーニャと踊った『アポロ』である。幕が上がった瞬間、ライトを弾く白い肌とつややかな黒い髪が目にとびこむ。凛と立てられた首筋が清々しい。天に向かって腕を伸ばし、開かれた掌に見えない光を力強くつかみとる。一九〇センチの長身が跳び、ゆったりと回り、のびのびと舞台に君臨する。

テクニックの分析をする気など起こらなかった。天真爛漫な演技に見とれるうちに、ストラヴィンスキーの音楽は終章へ。終演後もため息のような余韻が客席に残っていた気がする。バリシニコフ、ゼレンスキー、マラーホフなど錚々たるダンサーたちが踊っている『アポロ』だが、二十二歳のボッレは衒いのかけらもない演技で、一瞬にして日本の観客の心をつかんでしまったのだ。

それからのボッレの活動の軌跡は華麗の一言だ。拠点のミラノで古典の主役からフォーサイスまで幅広く踊るのはもちろん、ロイヤル・バレエ、ナショナル・バレエ・オヴ・カナダなど、各国のバレエ団へのゲスト出演、それも特別に華々しい場への出演が目立つ。二〇〇〇年にボリショイ劇場で行なわれたマイヤ・プリセツカヤの生誕七十五周年記念公演に招かれて踊り、〇二年にはバッキンガム宮殿でエリザベス女王主催のプロムに出演。〇三年にはペテルブルグ建都三百年記念祭に招かれ、マリインスキー劇場でロイヤル・バレエとともに『白鳥の湖』を披露している。活動はバレエの枠に留まらず、九九年からはユニセフ親善大使、後にはスイスの時計ブランド、ロンジンのイメージ・キャラクターにもなった。数年前、「あなたのモットーは？」という問いにボッレはこう答えている。

「あらゆるものに正当な価値を与えること。踊りにベストを尽くしながらも、人生にはもっと大きくて重要な問題があることを忘れないこと」

甘いマスクとは裏腹に、骨っぽい答えだ。ボッレは観る者の心を温かく華やかにさせる自分の力を熟知し、世界に明るいメッセージを伝える使者になろうとしているのかもしれない、と思う。

九八年の東京バレエ団「バレエ・リュスの輝き」では『薔薇の精』でフラッチと共演、二十世紀初頭にタイム・スリップしたような扮装と優美なポーズが注目を集めた。二〇〇〇年にはミラノ・スカラ座バレエ来日公演でバルボラ・コホウトコヴァと『ジゼル』全幕を披露。ヴァリエーションでの跳躍や回転はもとより、はかなげなコホウトコヴァを支える貴公子ぶりは非の打ちどころがなく、現在指折りのノーブルなダンサーであることを改めて感じさせた。〇四年の東京バレエ団『白鳥の湖』で遠藤千春を相手に踊った包容力豊かなジークフリートも忘れられない。

その他、いかにもボッレにふさわしいと思われたのが、マンツォッティ原振付のスペクタクル・バレエ『エクセルシオール』だ。もとの作品は一八八一年にスカラ座で初演され、イタリアのバレエ史上最大のヒット作となったものだが、六七年に復元上演され、〇二年にボッレらの出演で上演された。人類の英知を象徴する「光」と無知を表わす「闇」の対立が、壮大な舞台美術や群舞を満載した豪華な演出で描かれる。ボッレ演じる奴隷は、闇の支配から光と文明によって解放される役どころ。日本では世界バレエフェスティバルでパ・ド・ドゥのみ上演されているが、映像でも観ることができる。

象徴的、観念的な登場人物たちのなか、ボッレが登場すると、まばゆいばかりの存在感に視線が吸い寄せられる。二つの見せ場、光、闇とのパ・ド・トロワと文明とのパ・ド・ドゥで彼が披露する滞空時間の長いジャンプや正確なピルエットは、まさに最高の時期にさしかかったダンサーのものだ。そして何より、ボッレならではの前向きなオーラが、人類の英知と未来への絶対的な信頼というこの作品のテーマに、得難い説得力を与えている。あらゆるものが屈折したかに思える現代、彼の明朗な輝きは、いよいよ貴重なものになってくるのではなかろうか。

＊

二〇〇五年、バランシン振付の『真夏の夜の夢』、エックの『カルメン』、ベジャールの『春の祭典』など、さまざまな傾向の作品に意欲的に挑むムッル。いま最も惹かれる振付家はキリアンだと語り、グループ公演の実現に熱意を見せるボッレ。同じバレエ団に籍を置きながら大きく個性の異なる二人だが、見逃せない共通点はフェリ、ギエム、バッセル、ザハーロワら、世界のトップをゆくバレリーナたちのかけがえのないパートナーであるということだろう。〇五年夏のロイヤル・バレエの来日公演『マノン』でも、ギエムとムッル、バッセルとボッレの共演が予定されている。いま最高に輝いている女性たちと彼らの持ち味

ロベルト・ボッレ「マノン」（ミラノ・スカラ座バレエ）Photo Courtesy of Roberto Bolle

マッシモ・ムッル「シェリ」カルラ・フラッチと（第9回世界バレエフェスティバル2000年）© Arnold Gröschel

がどのように響き合い、新たな魅力を花開かせるか。その相乗効果にも期待が高まりそうだ。

ロベルト・ボッレ

カサレ・モンフェラートに生まれ、十一歳でミラノ・スカラ座バレエ学校に入学。九四年卒業と同時にスカラ座バレエに入団し、九六年マクミラン振付『ロミオとジュリエット』に主演した直後にプリンシパルに昇進。〇三年スカラ座よりエトワールに任命された。身長一九〇センチ、ギリシア彫刻のような美しい身体から生み出される華麗なステージは、とりわけヨーロッパで絶大な人気を博している。古典だけでなく、『マノン』『ロミオとジュリエット』『オネーギン』『椿姫』のようなロマンティックな役柄を得意とし、アレッサンドラ・フェリ、スヴェトラーナ・ザハーロワ、ダーシー・バッセルらと共演。〇七年六月のフェリのABT引退公演では相手役を務め、ABTデビューを果たした。日本では、九七年の世界バレエフェスティバルで注目されたのを機に度々来日。〇六年トリノ冬季五輪開会式では、イタリアを代表するアーティストとして出演。九九年からユニセフ親善大使も務める。

マッシモ・ムッル

ミラノ生まれ。ミラノ・スカラ座バレエ学校で学び、一九九〇年、卒業と同時にスカラ座バレエに入団。九四年アレッサンドラ・フェリを相手にマクミラン振付『マノン』のデ・グリューを踊り、プリンシパルに昇格。〇三年スカラ座よりエトワールに任命された。フランスを代表する振付家ローラン・プティのお気に入りのダンサーの一人。スカラ座で『カルメン』上演の際に、ホセ役に抜擢される。以降イタリアの至宝カルラ・フラッチと共演した『シェリ』をはじめ、『ボレロ』『白鳥の湖と呪い』『枯葉』を初演したほか、『プルースト』『ノートルダム・ド・パリ』『カルメン』『こうもり』などプティ作品を世界中で披露。またシルヴィ・ギエムとの共演の機会も多く、マクミラン振付『マノン』『田園の出来事』、アシュトン振付『マルグリットとアルマン』、エック振付『カルメン』などを踊っている。世界バレエフェスティバルをはじめ、国内外のバレエ団への客演など来日の機会も多い。

III

ADAM
COOPER
アダム・クーパー

ボーン版「白鳥」との出会い

ひとつの作品との出会いが、ダンサーをここまで変えるものだろうか。二〇〇三年二月、ようやく実現したアドベンチャーズ・イン・モーション・ピクチャーズ（AMP）の『白鳥の湖』日本公演を観ながら思った。初日に主役スワン／ストレンジャーを踊ったアダム・クーパーは、ロイヤル・バレエの一員として、またいくつかのバレエ団のゲストとして、すでに何度も来日したことがある。しかしこの日の彼は、これまでに見たどんなクーパーとも違っていた。舞台上の彼は紛れもなく、振付家マシュー・ボーンの頭脳から生まれ、クーパーというダンサーにしか踊ることのできない、神々しいまでのスワン。そして見る者すべての欲望に訴えかける訪問者——ストレンジャーそのものだった。

クーパーが出演した映画『リトル・ダンサー』の主人公ビリー少年は、炭鉱の町の経済的な苦難、バレエは男らしくないと頑固に思い込む父という大きな抵抗にあいながら、ダンスへの情熱を爆発させた。しかし、大都会ロンドンで育ったクーパーには、ダンスを習うこと自体への抵抗はほとんどなかったようだ。父は音楽家、母もダンスの経験があり、ひとつ年上の兄サイモンもバレエを習っているという環境。ヴァイオリンや声楽を学んだクーパーが、最初に習ったダンスはタップ・ダンスだった。

そんななかで身についたおおらかさ、伸びやかさが、「バレエは幼少時から脇目もふらずにみっちり訓練するもの」と信じる人びとには、逆に物足りなく感じられたのだろうか？　ロイヤル・バレエ学校に入学した十六歳のころは、周囲の人びとからよく「君はバレエ・ダンサーにはなれない」と言われていたそうである。

ロイヤル・バレエ学校では、日本から留学していた熊川哲也と同じクラスになった。東京で開催された一九八九年のローザンヌ国際バレエコンクールにも熊川とともに参加し、「すでにプロとしての活躍が期待されるダンサー」として、プロフェッショナル賞を受賞している。同年、ロイヤル・バレエに入団したクーパーは、若いダンサーには珍しい、こくのある表現力と安定した踊りを買われ、『ユダの木』『マイヤリング』『三人姉妹』など、とくにマクミラン作品で重用された。順調に昇進を重ね、最高位のプリンシパルに任命されたのは九四年、二十三歳のときのことだった。

九五年にロイヤル・バレエが来日した際、シルヴィ・ギエム主演のライト版『ジゼル』で彼が演じたヒラリオンは、いまも鮮烈な印象を残している。引き締まった顔つきの若々しいクーパーは、表情や身のこなしにきびきびした切れのよさがあり、いかつい森の男ヒラリオンに現代的な魅力を与えた。

また当時クーパーとギエムは、フォーサイス振付『ヘルマン・シュメルマン』などでもたびたびコンビを組んでおり、長身のダンサー同士の迫力のある個性のぶつかり合いは、型にはまらない、豊かな魅力を秘めたカップルとしても、大いに注目を集めていた。

しかしクーパーはここで、大バレエ団に属するダンサーゆえの壁に突き当たる。全幕作品の主役を任されることは少なく、回ってきても、ほとんどが故障で降板したダンサーの代役という厳しい現実。そしてとりわけもどかしかったのは、ヒラリオン役で垣間見せたような新鮮な魅力や存在感が、ロミオやジークフリートなどの「プリンス」的な役では、なかなか発揮されないように見えたことだ。踊り手によっては、本人とまったくイメージが違う役でさえ、強引に自分に引き寄せ、逆にそれを魅力と感じさせてしまうこともあるのだが……。おそらくこのときクーパーは、ダンサーとしてステップ・アップしてゆくために、どうしても自分のための、自分でなければ踊れない作品に出会わなければならない時期にきていたのだろう。

そんなとき、彼に新作の主役を踊らないかと申し出たのがマシュー・ボーンである。ロイヤル・バレエで踊るクーパーを何度も見て、気に入っていたというボーンだが、彼のほうもクラシック・バレエのダンサーを自分の作品の主役に起用するのはこれが最初。双方にとって、これはひとつの賭けだったに違いない。

そして誕生した『白鳥の湖』がどのような成功を収めたかは、ここで改めていうまでもない。九五年にロンドンのサドラーズ・ウェルズ劇場で初演されてからの数年間で、ローレンス・オリヴィエ賞ほか舞台関係の賞を次々に手中にし、さらにロサンゼルス、ニューヨークでも大成功をおさめてゆく。

当初ロイヤル・バレエとAMPの活動を交互に行っていたクーパーは、九七年にロイヤル・バレエを離れ、フリーのダンサーとして活動を開始した。安定した地位を捨てたことに後悔はないかという後のインタビューで、彼は「まったくない」と答えている。レスコーやティボルト、ルドルフなど愛着のある役を手放すのは残念だが、自由を得た喜びは大きい、と。

クーパーはこの作品によって、文字どおりブレイクした。彼自身のなかでどう羽ばたいていいか戸惑っていた強いオーラが、スワン／ストレンジャーという突破口を得たことで、一気に解き放たれたとしか思えない。バレエ・ファンもそうでない人も、もちろん女性も男性も関係なく、これほど広範囲の観客をここまで熱中させるダンサーが、これまで何人いただろうか。日本では舞台の映像や『リトル・ダンサー』のほうが先に紹介されて、期待が先行・過熱するなかでの『白鳥の湖』幕開けとなった。

解き放たれたオーラ

クーパーが登場するのは第二幕。肩越しに横顔を見せたスワンがすべるように舞台奥を横切ると、観客の緊張が増すのがわかる。腰から膝までを白い羽毛で覆い、むき出しの上半身に額と目を強調した不思議なメイクを施したクーパーがステージ前方に登場した瞬間、客席の緊張は熱さにかわる。相手をすくませる鋭い視線、たくましい肩、翼のように力強く長い腕。荒々しい白鳥の群を率い、警戒するように王子を突き放し、やがて野生の獣が徐々に心を許すように、王子に身体をすり寄せる。白鳥のなかでもひときわ力強く、優れた体格のクーパーがその仕草をすると、王子でなくても心が蕩ける。

マシュー・ボーン「白鳥の湖」（AMP 2003 年）© Hidemi Seto

第三幕では一転してメイクを落とし、本来の明るい褐色の髪にもどって、長身を黒の革パンツとロングジャケットに包む。スノッブたちであふれかえる舞踏会場に、テラスの手すりの上から舞い降りる不敵な登場場面は、高貴さとロック・スターみたいなワルっぽい魅力を併せ持つ彼にぴったりだ。優雅なルースカヤの音楽で、客の女性と踊るパ・ド・ドゥはじつに挑発的。さらに彼は、愛するスワンの面影をストレンジャーに重ね合わせておずおずと近寄る王子を、誰よりも鋭い威嚇の眼差しで縮み上がらせる。パニックに陥った王子の妄想のなか、煙草の灰でスワンと同じ黒い筋を額にひいてみせ、サディスティックに笑う表情も圧巻だ。

まばたきをするのも忘れてクーパーの動きを追っているのに気づき、こちらもまた獲物を狙う獣になったようだと感じるけれど、どうしようもない。インタビューのなかでクーパーは「第二、第四幕でのスワンは王子のイマジネーションの産物、第三幕のストレンジャーはスワンとは無関係のリアルなキャラクター」と冷静に分析してみせるが、舞台から客席に伝わってくるものを、そのようなクールな言葉で表現することは到底できない。それは理屈をはるかに越えた、圧倒的な力としかいいようのないものだった。

王子役として、歴代八人のスワン／ストレンジャーすべてと競演したベン・ライトは、公演プログラムのインタビューでこう語っている。

「同じステップを踏んでいるんだけど、皆、各々独自のものがあってね。微妙な人もいれば大胆なダンサーもいるよ」

彼によれば、首藤康之は繊細で許容力があり、エキゾチック。ジーザス・パスターは野性味があって、高潔でクラシカル。もっとも若かったウィル・ケンプはストイック。そしてクーパーに向けられるのは「壮麗」という言葉だ。なるほど、どれだけステージや観客が過熱しても、クーパーは舞台のなかでひとり、違う次元からの光を浴びたように、そこにいるだけで際立っている。どうすれば観客の心をつかめるかを本能的に知っているようなダンサーもいるが、クーパーはそういうダンサーとは違う。むしろ不器用にさえ見えるのに、堂々として、無垢で、たとえようもなく豪華。それはまさに、東京での初日に目にしたスワン／ストレンジャーでもあった。

多くのリピーター観客を生んだ『白鳥の湖』日本公演は、二度の追加公演を行い、大成功のうちに幕を下ろした。現在クーパーは三十二歳。男性ダンサーとしては円熟期に入ろうという年齢である。ボーン版『白鳥の湖』の、あまりにも輝かしいクーパーを見てしまった観客にとって、いまもっとも気になるのは、次のようなことかもしれない。今後、これ以上に彼の魅力を生かす作品は現れるのだろうか。ダンサーとして、彼はどのような方向に進もうとしているのか。

だが、本人の表情は至っておおらかだ。バレエ・ダンサーという狭いカテゴリーに自分を限定してしまう考えは、もともと彼にはないのだろう。二〇〇三年八月には、クーパー自身が振付、出演するミュージカル『オン・ユア・トウズ』がロンドンで開幕する。このなかで彼は、幼い頃から親しんだタップや歌も披露する。もしかしたらクーパーはいま、自分自身の原点に戻り、舞台人としてさらに大きく羽ばたこうとしているのかもしれない。その新たな飛翔を、一日も早く見てみたい。

アダム・クーパー

一九七一年七月二十二日、ロンドンに生まれる。五歳でタップ、七歳でバレエをはじめ、八二年からアーツ・エデュケーショナル・スクールで学ぶ。八七年ロイヤル・バレエ学校に入学。八九年ローザンヌ国際バレエコンクールでプロフェッショナル賞を受賞。同年卒業公演で『二羽の鳩』の若者役を踊る。

八九年ロイヤル・バレエに入団。九〇年マクミランの『パゴダの王子』で初めて主役を踊る。九一年にファースト・アーティスト、さらにソリストに昇進。同年ダーシー・バッセルを相手に『白鳥の湖』初主演、またシルヴィ・ギエムと初めてパートナーを組む。九三年ファースト・ソリストに。マクミランの『マイヤリング』のルドルフ皇太子役デビューを飾る。九四年プリンシパルに昇進。九五年ロイヤル・バレエ日本公演で『ジゼル』のヒラリオンなどを踊る。

九五年、振付家マシュー・ボーンの指名で、AMPの『白鳥の湖』の主役に選ばれ、サドラーズ・ウェルズ劇場で初演。九六年AMP『白鳥の湖』のウエストエンド公演に出演する。

九七年ロイヤル・バレエを退団、フリーランスとなる。AMP『白鳥の湖』のLA公演に参加。六月にはロイヤル・バレエ日本公演に客演し、ロミオを踊る。九八年AMP『白鳥の湖』のブロードウェイ公演に出演。トニー賞にノミネートされる。同年、スコティッシュ・バレエとイメージ・オヴ・ダンスに初めて振付作品を提供する。九九年AMP『シンデレラ』初演に、サラ・ウィルドーとともに主演。

二〇〇〇年映画『リトル・ダンサー』に出演。ウィルドーと結婚。〇一年Kバレエカンパニーで自作『牧神の午後』を披露。〇二年スターダンサーズ・バレエ団の「マクミラン・カレイドスコープ」に客演。〇三年AMP『白鳥の湖』で来日、スワン／ストレンジャー役で観客を魅了した。〇四年に自ら振付・主演を務めたミュージカル『オン・ユア・トウズ』、〇五年に『危険な関係』を日本で上演。〇六年にはウエストエンドでミュージカル『ガイズ・アンド・ドールズ』のスカイ・マスターソン役を演じた。現在は舞台出演だけでなく、振付・演出でも活躍している。

YASUYUKI
SHUTO
首藤康之

二〇〇五年に日本で再演されるマシュー・ボーン振付の『白鳥の湖』に、前回スワンを踊った首藤康之が王子役で登場すると発表されたときは、驚いた。なぜなら、この二つの役を両方踊ったことのあるダンサーは、まだ誰もいないのだから。もちろんアダム・クーパーやウィル・ケンプも例外ではない。

そして三月、首藤出演の最初の日。第一幕、威厳たっぷりの女王の横に、帽子を目深にかぶりブルーの軍服に身を包んだ王子が、子どものような心細げな表情を浮かべて立っている。舞台が進むに連れ、神経質にこすり合わせられる両手、微妙にうつりかわる表情が、女王やスワンへの複雑な思いを、鏡のように映し出す。頼りない印象が、ダンス・シーンでは驚くほど優雅なものに変化してゆくのも見ものだ。今までに見たことのない、新しい魅力にあふれた王子がそこにいた。

東京バレエ団での十八年

二〇〇四年の四月、十八年に渡って続いた東京バレエ団での活動にピリオドを打った首藤。その少年時代のエピソードからは、豊かな感受性と、目標に向かってまっしぐらに進む激しい一面がうかがえる。

小学校二年生のとき、誕生日のプレゼントにと母が買ってくれたチケットで見たミュージカル『屋根の上のヴァイオリン弾き』で舞台の魅力を知った。宝塚、バレエ、演劇など、ジャンルを問わず劇場に足を運び、九歳でバレエを始めるが、故郷の大分ではレッスンの機会も見られる公演の数も限られる。もっともっと舞台を見たい、レッスンもしたい。そんな気持ちが高じて、両親に頼み込み、初めて単身ニューヨークへ旅したのは小学校五年生のとき。ブロードウェイ・ダンス・センターのオープン・クラスでレッスンを受けながら、毎日のように劇場へ通ってミュージカルを見た。中学に入ってからは、夏ごとにコネチカット州のハートフォード・バレエのサマー・スクールに通う。

「高校に入ったけれど、はやく舞台に立ちたいという思いばかりが募りました。でも、十五歳ではアメリカのカンパニーには受け入れてもらえなかった。そんなとき、東京バレエ団の公演を見たんです。ベジャール振付の『ザ・カブキ』。四十七人の男性が出てきて踊る、最後の討ち入りの場面にただただ圧倒された。それですぐにここに入ろうと決めたんです」(「ダンスマガジン」二〇〇三年七月号)

八六年、十五歳で東京バレエ団に入団。四年後には十九歳で早くも『眠れる森の美女』のデジレ王子を踊り、同じ年に入団した高岸直樹らとともに、同バレエ団の男性ダンサーのトップを走り続けてきたのは、ご存じの通りだ。

『ジゼル』『ラ・シルフィード』などのロマンティック・バレエの男性主役や、『くるみ割り人形』『ドン・キホーテ』のキャラクター・ダンス、アルベルト・アロンソ版『カルメン』のホセなど、印象的な舞台は多い。だがやはり首藤といえば、ベジャール、キリアン、ノイマイヤー作品での演技が、まず思い浮かぶ。キリアン振付の『ステッピング・ストーンズ』では、シンプルで美しい動き、柔軟性のある身のこなしが、作品の持つそこはかとないおかしみを引き出す。ノイマイヤー作品では『月に寄せる七つの俳句』や、二〇〇〇年に初演された『スプリング・アンド・フォール』などで、端正な踊りを見せている。

そして、ベジャール。その芸術の体現者といわれたジョルジュ・ドンの『ボレロ』三十二回の全国公演が行なわれたのは、首藤が十七歳のときだ。コール・ド・バレエとして参加した彼は、レッスンや本番を通じ、手を伸ばせば届く距離で踊るドンのオーラを浴び続けた。初めてベジャールから直接に振付を受けたのは、九三年、日本で世界初演の幕を開けた『M』でのこと。三島由紀夫の芸術と人生を描いた作品のなかで、ベジャールが彼に与えたのは聖セバスチャン役。西洋への憧れと官能を象徴する、作品の成否を左右する重要な役だ。

『M』で初めて自分に振付けてもらったとき、いろいろなものが見えてきたんです。それまでとは違って、振付家自身から新しい振りを受けてそれが自分の身体のなかに入っていく瞬間を味わえた。お互いに意見を言い合うこともできて、ほんとうの意味での共同作業を体験できたんです」（「ダンスマガジン」二〇〇三年七月号）

十二年前に見た、その舞台の印象は不思議なものだ。桜。海。制服の若者たち。「日本」「三島」のイメージが渦巻く広い舞台の上で、首藤は聖セバスチャンの殉教を描いた絵画から抜け出たように、筋肉質の身体をさらして踊る。恍惚という言葉がぴったりの突き抜けた表情は、ベジャール・バレエから客演した小林十市の演じる「シ」が漂わせる、ひんやりした感触とは対照的だ。熱く、しかも柔らかい動きが、整然としたコール・ド・バレエの前で際立つ。ひとことでいえば異質だが、じつに新鮮で魅力的。おそらくベジャールが若い首藤に感じた魅力もそこにあったのだろう。そしてこれが、首藤のベジャール・ダンサーとしての本格的な出発点となった。

『ザ・カブキ』の塩治判官、『火の鳥』のタイトル・ロール、『バクチ』のシヴァ、『くるみ割り人形』のM…、『中国の不思議な役人』の役人。数多く踊った役のなかで、彼の評価を決定づけたもののひとつが、『春の祭典』の生贄だろう。ストラヴィンスキーの緊迫した音楽と、群のなかから選び出され、流れの上に押し出されてゆく生贄の恐怖が、何かに憑かれたような首藤の表情や、汗の飛び散るのが見えるほどの激しい踊りによってみごとにシンクロナイズする。九六年のアテネ公演ではギエムとも共演しているが、共通した透明感をもつ吉岡美佳との舞台は、いつ見ても新鮮な感動に満ちていた。

『ペトルーシュカ』の青年も、いかにも首藤にふさわしい当たり役といえる。若い男女の明るく祝祭的な場面から、仮面の魔術師の出現によって迷路のような空間に変わってゆく舞台。鏡に映る自分の姿に翻弄され、苦悩しとまどう青年は、ナイーヴな首藤の個性にどこかオーバーラップするところがある。最初のシーンで友人や若い娘に向ける屈託のない笑顔から、疑念や恐怖、そして放心と、さまざまに変化してゆ

マシュー・ボーン「白鳥の湖」（2005 年）© Hidemi Seto

「M」（東京バレエ団　1993 年）© Kiyonori Hasegawa

マシュー・ボーン「白鳥の湖」（2002 年）© Hidemi Seto

く表情が見ものだ。

そして、やはり忘れられないのが『ボレロ』。首藤が最初にメロディの振付を覚えるようベジャールに指示されたのは、『M』の初演直後のこと。「手の勉強になるから覚えるように」といわれ、その年のヨーロッパ・ツアーのブリュッセル公演で初披露した。日本では翌九四年から、高岸とのダブル・キャストで何度も踊るようになる。

スポットライトを受け、円卓の上に腕から全身があらわれる導入部は静かだ。瞑想しているように見えるときすらある。が、次の瞬間、はっとする速さで身体が開き、腕や脚が闇に白く軌跡を描く。長身の高岸ほどの豪快なパワーはないが、若々しくしなやかな筋肉に支えられた精緻な踊りがねばり強く続く。単調なリズムのなかで徐々に貯えられたエネルギーが突然はじけ、たわめられた身体がバネのように宙に舞う。

だが最も特徴的なのは、そこに垣間見える陶酔感、恍惚感だ。踊るほどに、興奮が高まるほどに自己と世界の境界を溶かし、観客を巻き込んでゆく力は、かつてドンの『ボレロ』を見たときに感じたものと確かに似ている。さらに高まる音楽のなか、円卓の上ではずむ首藤の身体がそのまま燃え尽きるような感覚に襲われる。観客にとって、その感覚こそが『ボレロ』を見る醍醐味。多くの人にその感動を共有させた首藤は、あのドンやロマンの流れを引き継ぐ、真のベジャール・ダンサーのひとりといっていいのではなかろうか。

マシュー・ボーンとの出会い

二〇〇〇年、首藤は演劇『ニジンスキー』にベテラン俳優たちと並んで出演、若き日のニジンスキーを彷彿とさせる演技と踊りを見せた。そして〇二年、『ザ・カー・マン』のために来日したマシュー・ボーンと出会う。父のような、祖父のような年齢のベジャールとの共同作業が中心だった彼にとって、世代も趣味も近いボーンとの会話はきっと新鮮だったことだろう。そしてこの出会いが数ヵ月後のＡＭＰ『白鳥の湖』への出演につながる。

二〇〇三年の日本公演で彼が踊ったスワン／ストレンジャーは、首藤ファンのみならず、この作品の上演を待ち望んでいた日本の観客に強烈な印象を与えた。日替わりで踊るクーパーとパスターは互いに持ち味こそ違え、いかにも強靭なパワーを感じさせるタイプ。そのなかで首藤のスワンが最も繊細だったことは確かだろう。だがその強い目の演技、他に抜きん出た舞踊テクニックは、この役に際立った高貴な輝きと孤独とを与えた。ある意味では三人のなかで最も強いスワンが首藤だったのではないだろうか。そして今回、再びボーンからオファーを受けたとき、彼は迷わず王子役を踊ることを選んだ。

「スワン役を踊った前回から、『この作品は王子の物語だ』という強い思いがあった。テクニックより演じる部分が大きいのも今の自分に合っている」

公演に先立つロンドンでのリハーサルで、そう語った首藤（「ダンスマガジン」二〇〇五年二月号）。幕が開いたとき、その意気込みが納得できた。なんと痛々しく不器用で、そしてなんと魅力のある王子なのだろう。普段は何かに怯えているような王子の背筋がダンスのときだけはすっと伸び、じつに優雅に踊るのも、決して矛盾しては見えない。心のなかで育てたさまざまな思いが、日常に触れたとたん委縮してしまう哀しさが、そこに重なって見えるのだ。そして第四幕、平衡を失った心に残された唯一の望みであるスワンの姿がほんとうに消えてしまったとき、王子の顔からもいっさいの表情が消えてゆく。

みごとな王子だった。彼に絡むジェイソン・パイパーをはじめ、女王のパンチェンコ、ガールフレンドのダニエルズらがいきいきとして見えたのも、あながち気のせいではあるまい。確かにボーンの『白鳥の湖』は王子の心のなかの物語だ。カリスマ性に富んだダンサーが踊ることも手伝って、目の眩むほどの魅力と存在感にあふれているスワンだが、彼は終始一貫王子の前にしか現れない「幻影」でもある。その真実を改めてはっきりと浮かび上がらせた首藤の気迫あふれる演技に感動した。この日の『白鳥の湖』は、まさに首藤演じる王子の目と心を通して見た物語になっていたのだ。
二〇〇四年に東京バレエ団を退団するとき、首藤はいままでのレパートリーはもう踊らないことを決めた。『ボレロ』や『春の祭典』でも彼は指導に回り、舞台は後続の若いダンサーに託される。だがその目にはすでに、取り組むべき新たなテーマや方向がはっきりと見えているようだ。今年（二〇〇五年）に入ってストレート・プレイ『R＆J』や、この王子役に挑んだこともそのあらわれだろう。東京バレエ団での十八年は、長い本を書き上げたようなものという首藤。新しい本のページは、もうすでに開かれている。

首藤康之
一九七一年十一月十一日、大分県生まれ。九歳からバレエをはじめ、八六年十月、十五歳でチャイコフスキー記念東京バレエ団に入団。一九九〇年、弱冠十九歳で『眠れる森の美女』のデジレ王子を踊る。九三年、モーリス・ベジャール振付『M』の世界初演では、ベジャールの指名により、聖セバスチャンを演じ、新境地を切り開く。同年秋の海外公演でも『M』『ボレロ』『春の祭典』などを踊り、大きな注目を集める。九四年には、イリ・キリアン振付『パーフェクト・コンセプション』を世界初演。同年『白鳥の湖』のジークフリート王子を初めて踊る。九五年三月〜四月、ベジャールの要請で、ベジャール・バレエ・ローザンヌのヨーロッパ公演に客演。ほかに、ベジャールの『ペトルーシュカ』『くるみ割り人形』『中国の不思議な役人』『ギリシャの踊り』、アルベルト・アロンソ振付『カルメン』、ノイマイヤー振付『スプリング・アンド・フォール』などを踊っている。
二〇〇〇年には、ジョン・デリンジャー演出の演劇『ニジンスキー』に、若き日のニジンスキーとして出演。〇二年マシュー・ボーンの指名により、AMP『白鳥の湖』のスワン／ストレンジャー役に抜擢される。リヨン公演では満員の観客からスタンディング・オベーションで迎えられた。〇三年の日本公演でも主演し、好評を博す。
〇四年『ボレロ』『ザ・カブキ』を最後に、東京バレエ団を退団。同年、浅野忠信監督の映画『トーリ』に出演。〇五年ジョー・カラルコ脚色・演出『Shakespeare's R&J』でストレートプレイに挑戦。ボーンの『白鳥の湖』で王子役を踊る。〇七年『アポクリフ』でシディ・ラルビ・シェルカウイらと、〇八年『空白に落ちた男』で小野寺修二とコラボレーションを行うなど、新たなる活動の場を広げている。現在東京バレエ団特別団員。

Antonio
GADES
アントニオ・ガデス

硬い木をさらに削り、磨き上げたような佇まい。凛と胸を張り顎を引いて舞台に立ち、一点に据えられたまなざしは鷹のように鋭く厳しい。アントニオ・ガデスの名を聞いたとき、すぐにそんなイメージが立ち上がってくる。

傑出したダンサーとして活躍しながら、振付家としてフラメンコを大胆に構成し、広い客層に訴える現代的でダイナミックなスペクタクル・アートとして生まれ変わらせたガデス。八〇年代から九〇年代にかけ、カルロス・サウラ監督の映画や彼自身の舞踊団の公演を通じて、この日本でもジャンルや世代を超えた多くのファンを獲得したのは、まだ記憶に新しい。

空腹を満たすために踊った

その生い立ちは、現代スペインの厳しい歴史と分ちがたく結びついている。一九三六年に勃発した内戦に、共産主義側の志願兵として参加したガデスの父親は、片目を撃ち抜かれる重傷を負った。ガデスが生まれたのはその一ヵ月後。人生の最初から、一家は苦しい生活を強いられていたのだ。

家計を支える必要に迫られ、ガデスも早くからさまざまな場所で働きはじめた。十一歳で学校をやめ、使い走りのボーイ、カメラマンの助手、新聞社の植字工など、少年の頭と体力でできることなら何でもやった。ダンスは、そうしてたどりついた生計の手段のひとつだったと彼は言う。

「私は、空腹を満たすために踊った。舞踊家としての私は社会の産物だ。労働者の息子には自転車競技の選手、闘牛士、ボクサー、舞踊家、言いかえれば宮廷の道化師になる以外、貧困から逃れる方法はなかっ

前ページ：「カルメン」© Colette Masson/Roger-Viollet

た。踊りも社会の不正に対して戦う武器になり得ることを知ったのは、ずっと後のことだ」(「ダンスマガジン」一九九一年十一月号)

隣に住んでいた女性にすすめられ、ダンスのレッスンを受け始めたのは十五歳の頃。数ヵ月後、バルセロナのナイトクラブで踊っていた彼は、スペイン舞踊界の大御所ピラール・ロペスに紹介され、彼女の舞踊団の一員になる。ここで彼はさまざまなスペイン舞踊やクラシック・バレエを学び、翌年には第一舞踊手に昇格、本格的にダンサーとしてのキャリアをスタートさせた。

若き日のガデスの血の気の多さを彷彿させるエピソードがある。すでに第一舞踊手の地位にあった五四年、彼は闘牛に興味を持ち、補欠のポジションとはいえ、衣裳を付けて試合に臨むのだ。

ロペスの忠告によって闘牛士への道は断念するが、「振付と闘牛は、美学、色彩、リズムによって比較可能な芸術である。闘牛の場合は生命を賭けるという違いがあるが」(ピエール・ラルティーグ『アントニオ・ガデス』新書館)という後の言葉が印象深い。ガデスにとって、振付と闘牛はとても近いところにあったのだ。

ガデスはロペスの舞踊団のすべてのレパートリーを踊り、六一年に退団。翌年、男性舞踊手二名、女性舞踊手一名、ギタリスト、歌手各一名の小さな舞踊団を立ち上げる。バルセロナのタブラオ「ロス・タラントス」で行なわれた旗揚げ公演には芸術家や知識人も多く訪れ、大成功となった。

この頃の彼の踊りは写真などから想像するしかないが、貴重な手がかりのひとつが、劇作家アルフレッド・マニャスの『タラント家の物語』を原作とした映画『バルセロナ物語』だ。スペイン版『ロミオとジュリエット』といわれるストーリーのなかで、ガデスの演じたのは主人公の友人。シェイクスピア作品でいえばマキューシオにあたる役だ。二十代のガデスの表情は、近寄りがたい威厳を身に付けた彼しか知らない世代には、とても新鮮に見える。バルのガラス戸越しに微笑みながら女友達に手を振る死の場面も印象的だが、白眉は夜のバルセロナの大通りで、噴水のように撒かれる水のアーチをバックに踊るファルーカ。軽やかな身のこなしには、若さと才気があふれんばかりに漲っている。

私の武器は踊りにある

父と同じ共産主義を熱烈に支持するガデスには、政治的な理由で活動を中断することもたびたびあった。六七年初演の『ドン・ファン』は舞踊、台詞、絵画などが混じり合う実験的な作品だったが、フランコ独裁政権への批判を含んでいたため上演継続が不可能となり、彼自身も舞踊団も数年間休業状態に陥る。七五年、バスク活動家の青年五人に死刑命令が下されたことを知ったときは、キューバのアリシア・アロンソに招かれて説得されるまで、三年にわたって舞踊活動を停止した。またフランコの死後は、七八年にスペイン国立バレエの初代芸術監督に就任したが、やはり政治的な理由がもとで、三年で解雇されている。

しかしそうしたなか、ガデスはさまざまな経験から自らの芸術のスタイルをつくりあげていった。イタリアのミラノ・スカラ座、ローマ・オペラ座などで舞踊家・振付家としての仕事を行ない、パリでは現代絵画に興味を持ち、ホアン・ミロなど芸術家たちとも交流を持つ。六四年に参加したニューヨークの世界博覧会では、物語のないフラメンコのみのスペクタクルを上演。伝説的なバイラオール、ビセンテ・エスクデロとの語り合いで得た数々のアドバイスは、後のガデスの舞踊スタイルに決定的な影響を与えた。そして七〇年代のカルロス・サウラとの出会いが、映画『血の婚礼』『カルメン』などを産み出し、ガデスの名をより広い世界に押し出してゆくことになる。

フラメンコの変革

ピラール・ロペス舞踊団の一員として初来日した後、ガデスは自らの舞踊団を率いて何度か来日公演を行なっている。だがその作品と踊りの魅力が、より多くの人びとの心を捉えたのは、やはり八三年の映画『カルメン』が公開されてからだろう。

虚構（作品としての「カルメン」）と現実（その作品を演じる団員たちの人間模様）の二重構造に仕立てられた映

「カルメン」クリスティーナ・オヨスと © Colette Masson/Roger-Viollet

画も興味深かったが、生の舞台で観る『カルメン』は、さらに衝撃的だった。舞台は、何か聞き慣れた、しかし正体のわからない低い「音」で幕を開ける。次第に大きくなるにつれて、それが舞台の女たちが手で机を叩く音とわかる。大地から沸き上がるような歌声が、それに続く。

踊りの起源の形がそうであったように、歌い手が踊り、踊り手も歌う。何人ものダンサーがユニゾンで踊るフラメンコの迫力。耳を聾するサパテアード。フラメンコが何か、カルメンが何か、知らなくてもストレートに伝わってくるものがある。背景と呼べるのは机と椅子、鏡のようなパネルくらいで、スペイン舞踊でよく見る凝った衣裳もいっさいない。驚くばかりの簡潔さと構成力。観ている自分が想像力を総動員して舞台の進行に参加しているようだ。面白い。

そのなかにドン・ホセ役のガデスが登場したとき、客席中に身の引き締まるような緊張感が走った。無駄なものをすべて削ぎ落としたような体つき。胸を張り、顔を上げ、腕を高くかかげ、まっすぐな脚が床を打つと、このうえなく鋭い響きが空気を震わせる。本来柔らかく傷つきやすい人間の肉体、それが純粋な意志の力で、刃物も受け付けない硬いものに変わっている。踊るガデスは、まさにそんな印象だった。白刃のような鋭い踊りは、それまでどこかに抱いていたフラメンコの「土臭く肉感的な」という先入観をみごとに打ち壊したのだった。

この頃、他に日本で上演されたのは、ブレリアス、ファルーカ、ファンダンゴ、タンゴなどのさまざまな舞曲を集めた『フラメンコ組曲』、ガルシア・ロルカの戯曲をもとにした『血の婚礼』、ファリャの音楽「恋は魔術師」に想を得た『炎』など。なかでもすばらしかったのは、サウラ監督の映画にもなった『血の婚礼』だ。

クリスティーナ・オヨスの演じる花嫁を巡り、二人の男が殺し合う。以前から彼女を愛していた妻子ある男と、新たに夫となる男。花嫁は妻子ある男と馬で逃げる。花婿は村人たちの後押しを受けて二人の後を追う。顔を合わせたが最後、男たちは互いの誇りにかけて殺し合わなければならない。二人の手にナイフが握られる。

花嫁を連れて逃げる男レオナルドをガデスが踊り、追う花婿をファン・A・ヒメネスが踊った。ガデスは苦悩の影のある男をみごとに演じ、ヒメネスは陽気な花婿とプライドを傷つけられた男の顔を演じ分ける。影と光のような二人が、映画のスローモーションのようにゆっくりとした動作で行う決闘が、堪え難いばかりの緊迫感を醸し出す。

『カルメン』の初演より九年前の七四年に振付けられたこの作品は、今映像で観ても、これ以上ないほどの簡潔な構成と踊り手の気迫で観る者を酔わせる。飾り気のない白いシャツで決闘の場に臨むガデスは、無心に闘う闘牛士のように、男だけが持ち得る「華」を全身から放出している。花嫁役のオヨスの、声のない悲鳴が聞こえるような演技も忘れられない。

潔い退場

八〇年代から九〇年代にかけ、アントニオ・ガデス舞踊団は一、二年おきに来日し、『カルメン』をはじめとする作品で多くの観客を魅了した。二十年間ガデスと活動をともにしたオヨスは八八年に退団したが、他のメンバーはほとんど変わらず、心温まるようなカーテンコールの歌、踊りも、毎回くり返された。それがほとんど恒例のように感じられ始めた九一年、ガデスは突然の引退を発表する。

「他のことをする必要を感じたときには、私は踊るのをやめる。……今準備している新しい作品は何もない。新しい作品を完成する前に、新作の契約を結ぶことは決してない」

長年温めていた『ドン・キホーテ』の構想もそのまま、と残念に思ったファンは多い。だが四年後、ガデスは新作『アンダルシアの嵐』を携え、再び日本に戻ってきた。原作は十五世紀に実際に起こった民衆蜂起をもとに書かれたロペ・デ・ベガの戯曲である。横暴な領主に全員で立ち向かう誇り高い村人たち。いかにもガデスらしい主題だ。

可憐なマリナ・クラウディオを相手に、村の若者フロンドーソ役を踊るガデスは、すでに六十歳に近かったが、前回の公演よりも若く見えた。一枚の布を花嫁のヴェールなどさまざまなものに見立てる演出も冴えていた。公演を終え、拍手を浴びるガデスの表情が、初めて見るように柔らかく誇らしげに見えたのは気のせいだったろうか。

二〇〇四年七月、ガデスがマドリードで亡くなったというニュースが届いたとき、驚きとともに、最後の日本公演からもう九年が経っていたのかと、何ともいえぬ感慨を覚えた。生前のガデスの意志で、その遺灰は彼が生涯愛した国キューバへと、家族の手によって届けられたという。舞台の上でつねに誇り高く輝いていたガデスの退場は、白く強烈なライトが突然消えるように、心憎いほど潔かった。

アントニオ・ガデス

一九三六年十一月十四日、スペインのカタロニア地方に生まれる。共産主義者だった父親の政治的立場から、ガデスの生後まもなく一家はマドリッドへ。スペイン市民戦争に共産党側の志願兵として参加した父親は捕らえられ重傷を負う。ガデスは家計を助けるために、十一歳のときから働くようになる。十五歳のとき、フラメンコを踊りはじめ、一九五二年にスペイン舞踊界の大物ピラール・ロペスに見いだされ、ピラール・ロペス舞踊団に入団。一九六〇年には舞踊団の第一舞踊手として初来日。六一年に退団後、映画『バルセロナ物語』に出演。その後、ローマ・オペラ座やミラノ・スカラ座などでコリオグラファーやダンサーとして参加、アントン・ドーリンの『ボレロ』の振付などを手伝ったり、カルラ・フラッチらと共演した。六三年には最初のグループを結成。六四年のニューヨーク万国博覧会で絶賛される。六八年、七二年には来日も果たす。

一九七四年、アントニオ・ガデス舞踊団として活動をスタート。ガルシア・ロルカ原作の『血の婚礼』をローマで初演、大成功を収める。七五年には政治的理由で舞踊団を一時解散するが、一九七八年キューバのアリシア・アロンソらに説得され活動を再開。同年、初代芸術監督として、スペイン国立バレエの設立にも携わる。八〇年代には、カルロス・サウラ監督とのコラボレーションで、『血の婚礼』をはじめ、『カルメン』『恋は魔術師』などの映画を発表。また一九八六年にはアントニオ・ガデス舞踊団として初来日。八七年、八九年にも来日したが、ガデスは一九九一年の日本公演を最後に引退を表明。だが、九四年にロペ・デ・ベガの戯曲『フエンテオベフーナ』をもとにした『アンダルシアの嵐』で舞踊団は復活、一九九五年に日本公演を行った。その後も国内外で多忙な日々を送っていたが、二〇〇四年七月二十日、マドリードで亡くなった。

PATRICK
DUPOND
パトリック・デュポン

一九八〇年代から九〇年代にかけては、優れた男性ダンサーが輩出した時期だった。ヌレエフやバリシニコフに続けとばかり、ムハメドフやルジマートフ、ルグリ、マラーホフなど、いずれ劣らぬ個性と才能を持った踊り手がつぎつぎに登場し、活躍したのである。

そのなかでひときわ明るく、華やかなオーラをまとっていたのが、パトリック・デュポンだ。あり余るエネルギーに満ち、陽気な輝きを全身から発散していたデュポンには、いくつになっても「パリ・オペラ座の放蕩息子」「恐るべき子ども（アンファン・テリブル）」という言葉がぴったりだった。踊る楽しさがいっぱいにつまったデュポンの踊りは、日本の観客のなかにまだ少し残っていたバレエへの堅苦しいイメージを、一気に吹き飛ばしたといってもいいかもしれない。

彼が日本で見せた最も熱い舞台のひとつが、一九九一年の世界バレエフェスティバルでの『ドン・キホーテ』パ・ド・ドゥだろう。当時デュポンは三十二歳、前年にパリ・オペラ座バレエの芸術監督という地位に昇り詰め、心身ともに充実した時期にあった。別の日にルジマートフが同じ『ドン・キホーテ』を踊ったことも、観客の熱気に拍車をかけた。ルジマートフとはまったくタイプの違うデュポンが、同じ作品を果たしてどのように踊るのか。

黒の衣裳、髪をうしろに撫で付け、絶対の自信に目を輝かせて、デュポンは登場した。パートナーは、自らエトワールに任命したマリ＝クロード・ピエトラガラである。まずはアダージオ。少し緊張した表情でポーズをとるピエトラガラをサポートしつつ、デュポンは余裕たっぷりに回転、着地を決め、じわじわと後半への期待を盛り上げる。ドゥミ・ポアントの長いバランスで始まるヴァリエーションは、彼が少年の頃から何度となく大向こうを唸らせてきた独壇場だ。ダイナミックなジャンプは空中に留まっているよう、延々と続くピルエットは、さながらコマの回転。そしてコーダ。いまやエンジンを全開にしたデュポンは、全身をバネにして跳びながら、つむじ風のような勢いで舞台を回る。ピエトラガラも風になって跳ね返る竹のように、強い踊りでそれに応える。

観客はもちろん、沸きに沸いた。それから今まで数々の『ドン・キホーテ』を観たが、このときのパ・ド・ドゥの破天荒のパワーは忘れられない。この日のデュポンは台風の目のように、観客を興奮の渦に巻き込んでしまったのだ。

「世界で一番のダンサーになる!」

デュポンの少年時代は、多くのエピソードに彩られている。生きるか死ぬかの難産でこの世に生を受けたこと。理解ある義父と母に育てられ、あまりの元気のよさに「人間爆弾」と呼ばれていたこと。ある日、女子のバレエ教室から流れてくる音楽を聴いた彼は、母親をそこへ引っぱってゆき、自分のやりたいことはこれだと訴える。バレエを職業にしたいという息子に、母親は答えた。ダンサーになってもいいが、それには「一番になること」が条件だと。デュポンは叫んだ。

「じゃあ、ぼく一番になる! 世界で一番のダンサーになる!」(パトリック・デュポン自伝『パリのエトワール』林修訳 新書館)

規則を守るのが苦手なデュポンにとって、遅刻や練習をさぼることは日常茶飯事だった。パリ・オペラ座バレエ学校では、親友ジャン=マリ・ディディエールといっしょにいたずらをしまくり、教師たちを閉口させる。「ほんとうに無邪気な目で言うので、皆ころっとだまされてしまうの」。後にバレエ学校校長になるクロード・ベッシーも、デュポンの才気とわがままに振り回された一人だった。

そんなデュポンが自滅することなくダンサーとしてのスタートラインに立てたのは、入学以前から強い絆で結ばれた恩師マックス・ボゾニの存在があったからこそだろう。ふつうの生徒よりもはるかに理解の速いデュポンに、ボゾニはまず徹底してテクニックを叩き込んだ。そして必要なテクニックをすべてマスターしたと見るや、「まっしぐらに駆ける馬のように」解放したのである。なぜなら、「彼をテクニックだけのなかに閉じ込めるのはいけないからです。そんなのは、まったく彼のタイプに合っていないからです」。（九六年「デュポンの軌跡」公演プログラム）

そんなボゾニの指導のもと、デュポンは進級試験を勝ち抜き、十五歳と六ヵ月でパリ・オペラ座に入団する。だがいくら才能にあふれていても、最初は代役を待つだけの日々だ。そのときボゾニが提案したのが、ヴァルナ国際バレエコンクールへの参加だった。コンクールといえば東側のダンサーが上位を占めるのが当然だった頃、さすがのやんちゃ坊主も慣れない環境やアクシデントに悩まされるが、結果は上々。フランス人として初めてのジュニア部門金賞に加え、ヴァルナ市特別賞も受賞したのである。

「その日、ぼくは生涯で最高の『ドン・キホーテ』を踊った。ピルエットはふつうなら五、六回が限度なのに、気がついたら十回まわっていた。バレエの神様が一瞬ぼくに乗り移ったんだ！」

一躍メディアの寵児となったデュポンには、さまざまなバレエ団からの招待や振付家のオファーが集中した。「ヴァリエーションやパ・ド・ドゥが踊れても全幕はどうか」「白いバレエには向かない」など厳しい批評も浴びたが、若くしてユーリー・グリゴローヴィチ、ローラン・プティ、モーリス・ベジャールらと接し、その作品を踊った意味は大きい。またエトワールのなかでもことに優雅なノエラ・ポントワと組んだことで、パ・ド・ドゥの技術やアカデミックなバレエの美をも体得していった。そしてジョン・ノイマイヤーが彼に振付けた作品『ヴァスラフ』で、デュポンは新境地を開いた。天才ニジンスキーの内面を好演した彼は、アーティストとしても高い評価を得、二十一歳で念願のエトワールの地位を手にすることになる。

「サロメ」© Colette Masson/Roger-Viollet

「ジゼル」(パリ・オペラ座バレエ) © Jacques Moatti

「長靴をはいた猫」(マルセイユ・バレエ) ドミニク・カルフーニと © Colette Masson/Roger-Viollet

筆舌しがたいオーラ

七八年のパリ・オペラ座バレエ公演で初めて来日して以来、デュポンは日本でもさまざまな舞台に出演した。嵐のような回転と跳躍で、踊るたびに観客を熱狂させる『ドン・キホーテ』や『海賊』のグラン・パ・ド・ドゥ。『ヴァスラフ』『サロメ』で見せる、並外れた集中力。モニク・ルディエールやイザベル・ゲランら、息の合ったパートナーたちと踊る『アド・ギャグ』や『グラン・パ』のテクニックのみごとさ、楽しい雰囲気がなつかしい。『白鳥の湖』『ジゼル』『ドン・キホーテ』など、数々の古典全幕の主役も演じた。

いつも元気いっぱい、スポットライトを浴びて輝いているデュポンの舞台のなかで、新鮮な印象を残しているのが八七年に上演されたマルセイユ・バレエの『長靴をはいた猫』だ。ひょうきんで頭がよく、すばしこい動きで舞台をさんざんかき回す猫は、デュポンにぴったりのはまり役。猫のメイクをした顔に、いたずらっぽい瞳がきらきら光る。女装をした猫に惚れてしまった人喰い鬼とのやりとりを色っぽく演じて観客を大笑いさせ、別の場面では豪快なジャンプを連発し、観客を圧倒する。猫はついに人喰い鬼とのかけひきに勝ち、主人の若者と姫をハッピーエンドに導くが、大団円の華やかな祝宴のさなか、ふとさみしげな、つまらなそうな表情を浮かべる。脚光のなかの孤独とでもいうのか、いかにもプティ作品らしい場面でもあるが、その姿が一瞬デュポン自身に重なって見えた。

八六年のパリ・オペラ座バレエ来日公演で披露された『ボレロ』も印象的だ。このときの『ボレロ』は日替わりでシャルル・ジュド、シルヴィ・ギエムら五人のエトワールが競演するという贅沢なものだったが、観客の視線を十分に意識したデュポンの踊りは、野心あふれる青年の情念そのもの。あれほど踊り手の主張が前面に出た『ボレロ』は他にないのではなかろうか。

そして、忘れることができないのが、ベジャールが彼のために振付けた『サロメ』だろう。ヨカナーンの首を所望して踊るサロメの物語と、それを踊るデュポン自身の魅力が溶け合う世界は、上演されるたびに観客を驚かせ、そして魅了した。長いスカートをはき、肩をいからせたデュポンが、白塗りの顔で客席を睨みつけながら、巨大な扇をざらり、と開く。開いた扇をのどもとにあてがい、観客に向かって突き進むかと思えば、『ドン・キホーテ』のキトリのように軽やかに扇を振って、ひらひらと舞う。

女性らしさと男性らしさ、喜劇と悲劇がないまぜになった雰囲気は、おかしくて、同時に無気味だ。漆黒の闇を背景に、黒子の支える豪奢なドレスに腕を通し、歓喜の表情でのけぞりながら自分と同じ顔の「首」に口づけるデュポンは、ダンサー、役者、巫女、どんな言葉でも言い表わせない強烈な存在感を放っていた。その輝きこそが、スターのオーラというものだったのかもしれない。

永遠のアンファン・テリブル

デュポンは八五年から三年間ナンシー・バレエの芸術監督を務め、さらに九〇年から五年間、ヌレエフの後任としてパリ・オペラ座バレエの芸術監督を務めた。ピエトラガラやニコラ・ル・リッシュをエトワールに任命し、現代作品のレパートリーを増やし、ブルメイステル版『白鳥の湖』を新演出で上演するなど、注目すべき仕事をこなしたが、踊るために生まれてきたようなデュポンにとっては、消耗する経験だったことだろう。

彼がオペラ座の芸術監督を降りた後、日本で行なった公演「デュポンの軌跡」は忘れられない。幼いデュポンとバレエとの出会いを物語る導入部に続き、『ヴァスラフ』『ロミオとジュリエット』『白鳥の湖』など、代表的な作品が観客の前に展開する。

このときのデュポンは、華麗なテクニックを連発しながらも、いつものように得意げな表情をのぞかせることはなかった。楽しい遊びに熱中する子どものように、観客の存在さえ眼中にない彼を初めて見る気がした。後半の『サロメ』ではいつもの気迫がよみがえるが、回顧というベールを通したためか、一つひとつの動きが初めて見るもののように新鮮に映る。最後にゲランと踊った『ドン・キホーテ』の印象も、なぜかとても柔らかい。回転も跳躍もあいかわらずすばらしいが、かつて世界バレエフェスティバルで見せた、挑むような空気はそこにはなかった。ゲランの身体を延々と手のなかで回すデュポンは、人生のほとんどをともにしてきたバレエという名の恋人と、優しく戯れてでもいるように思えた。

この二年後、ダンサーとしてもパリ・オペラ座と訣別した彼は、大きな病気や怪我にも見舞われ、次第にバレエから遠ざかる。若き日の凄まじいパワーを思い浮かべ、もう少し長くその踊りを観ていたかったと思うこともあるけれど、無理をして踊り続けるほど「彼らしくない」ことはないだろう。心のままに行動するのが、彼には何よりも似合っているはずだ。フランスが生んだスーパー・スター、永遠のアンファン・テリブルは、少年の笑顔のまま、まぶしい輝きを残して世界の舞台を駆け抜けたのだ。

パトリック・デュポン

一九五九年三月十四日、パリ生まれ。幼い頃、両親が離婚し、母ニコールと義父リュシアンに育てられる。七歳からバレエをはじめ、八歳から元オペラ座エトワールのマックス・ボゾニの指導を受ける。七〇年オペラ座バレエ学校入学。七四年首席で卒業、オペラ座バレエに入団を認められるが、年齢規定により、正団員として舞台に立つことはできず、七五年、十六歳になり正式に入団。七六年カドリーユに昇進。ヴァルナ国際バレエコンクールで金賞と特別賞を受賞する。七七年コリフェに。グリゴローヴィチの『イワン雷帝』のクルプスキーなどを踊る。七八年スジェに昇進。マクミランの『四季』『大地の歌』、バランシンの『放蕩息子』などを踊る。七九年プルミエ・ダンスールに昇進。ベジャールの『ボレロ』を踊る。八〇年十月三十日、ノイマイヤーが彼のために振付けた『ヴァスラフ』終演後、エトワールに任命される。

八八年ナンシー・バレエの芸術監督に就任。ヌレエフの後任として、九〇年九月から九五年二月までパリ・オペラ座バレエ芸術監督を務める。九六年ベジャールの『第九交響曲』に出演。九七年カンヌ映画祭の審査員を務める。その後、オペラ座との契約更新がならず、フリーランスになる。

日本には、オペラ座バレエ公演や世界バレエフェスティバルのほか、国内外のバレエ団への客演やプロデュース公演などで度々来日した。二〇〇八年四月、ダンサーを引退。自伝に『パリのエトワール』（新書館）がある。

ANTHONY
DOWELL
アンソニー・ダウエル

二〇〇三年、主演のシルヴィ・ギエムが自ら企画した「三つの愛の物語」公演。『三人姉妹』『マルグリットとアルマン』のなかで、アンソニー・ダウエルが舞台に現われると、空気がぴりっと引き締まる。一九四三年生まれの彼はすでに六十歳になるが、特徴ある口元や目のなかにきらめく表情は、若い頃と少しも変わらない。彼がヒロインに顔を向けた瞬間、新たなドラマが展開する予感にわくわくする。

六〇~八〇年代にかけて「最後のダンスール・ノーブル」「英国が生んだ最高のプリンス」など、観客や批評家から最大級の賛辞を贈られているダウエル。九〇年代以降はおどろおどろしい魔女や謎めいた人形使い、文学から生まれた陰影深い登場人物など、びっくりするほど幅広い役柄をじつにらくらくと楽しそうに演じている。ダウエルって誰?　どんなダンサー?　改めて興味をかき立てられた若い読者も多いのではないだろうか。

理想のプリンス

一九四三年の二月、ロンドンで生まれたダウエルは、十歳でロイヤル・バレエ学校に入学、六一年に十八歳でロイヤル・バレエに入団した。その存在が一躍注目を浴びたのは、六四年、英国の誇る劇作家シェイクスピア生誕四百年を記念する公演でのこと。若きソリストだったダウエルは、フレデリック・アシュトンが「真夏の夜の夢」をもとに振付けた新作『ザ・ドリーム』で、妖精の王オーベロン役に抜擢される。その妻タイターニア役は、やはりロイヤル・バレエ学校出身のアントワネット・シブリー。舞台は成功し、アシュトンは「偉大なる英国詩人」と称えられ、みずみずしい踊りを披露した二人は新たなスターとして観客に熱く迎えられた。当時ロイヤル・バレエにはマーゴ・フォンテインとルドルフ・ヌレエフという破格のスター・カップルがいたが、イギリスの観客は、自国の生んだ生え抜きの若きスターの誕生に心躍らせたのだ。このときダウエル二十一歳、シブリー二十五歳。ダウエルは六六年にプリンシパルになり、シブリーとのパートナーシップはその後も長く続いてゆく。

ダウエルが理想のプリンスといわれる所以は、まず均整のとれた上品な容姿だろう。中肉中背、きりりとしているが男臭さは感じさせず、主役を演じるにふさわしい気品に満ちている。次に『ラプソディ』のようなプロットレス・バレエの難曲も完璧に踊りこなせる正確なテクニック。そして彼の最大の魅力でもある、圧倒的に豊かな表現力がある。

ピーター・ライトがコヴェント・ガーデンで振付けた豪華な演出の『くるみ割り人形』のなかで、ダウエルはレスリー・コリアとグラン・パ・ド・ドゥを踊っているが、女性を包むやさしい雰囲気、さりげなく的確なサポートなど、まさに古典バレエの王子はこうあるべしというお手本だった。

アシュトン振付の『シンデレラ』での王子様ぶりもすばらしい。真っ白な衣裳に身を包んで登場するなり、みごとなトゥール・アン・レール、ピルエット・アン・ドゥオールで観客の心をつかんだ彼は、シブリー演じるシンデレラと舞踏会で夢のように美しいパ・ド・ドゥを踊る。だがこちらの場合、真の見どころは醜い姉たちのとんでもない行状に戸惑う王子の表情かもしれない。目の前でスカートを落としたり、無理やり足をガラスの靴に突っ込もうとする姉たちに、目を丸くしながらも紳士的にふるまうダウエルの演技には、誰もが笑いを誘われること必至だ。

アシュトンやマクミランの作品に繊細な輝きを与えるのが、振付に込められたニュアンスを正確に理解して表現する力。『田園の出来事』のベリヤエフや『ロミオとジュリエット』のロミオは彼の当たり役だが、ジェニファー・ペニーと共演した八二年の『マノン』の映像が、こうした作品での彼の魅力をはっきりと伝えてくれる。美少女マノンの魅力にどんどん深くとらわれてゆくデ・グリューの心の波と一体になった、流れるような踊り。悩める若者の心のひだを驚くほど丁寧に写しとってゆく顔や全身の表情。見れば見るほど緻密に書き込まれた小説を読むような気分を起こさせる演技は、見事というほかない。

　高潔さや愛情のような美質から卑屈さや嫉妬というネガティヴな感情まで自在に取り出せるダウエルの傑出した表現力が、作品全体で余すところなく発揮されたのが、『白鳥の湖』だ。

　コヴェント・ガーデンでナタリア・マカロワと共演した八二年、ダウエルは三十九歳。あいかわらず白いタイツの似合うすっきりしたプロポーションで登場した彼は、口元に微笑みをたたえ、友人や家庭教師に優雅このうえない挨拶をおくる。自分の結婚をめぐる女王とのやりとりでは、その微笑みが困惑に変わり、束縛を疎んじる気持ちや母への敬慕や反感を炎のように揺らめかせる。マイムや動きの間の取り方は、名優の巧みな話術を見ているようだ。第二幕のオデットとの対話にも、第三幕のオディールの登場に戸惑う姿にも、一途な思いと疑い、弱さ、勇気などがきらきらと見え隠れする。

　個々のテクニックは音楽と踊りの流れに溶け込んでいるが、黒鳥のグラン・パ・ド・ドゥで改めてその美しさを確認する。さほど身体の大きくないダウエルがマカロワを高くリフトする一連の動作の、なんとさりげないこと。端正で崩れないジャンプや回転の着地が、どれほど凛とした印象を与えるか。

　そしてダウエルのジークフリートは、先に身を投げたオデットの後を追って湖に身を沈める。宝石の船に乗って彼岸を目指す悲劇の幕切れは、二人の気品あるマイムによって、荘厳なまでに盛り上がる。

　こうして見ると、ダウエルはいかにも演劇の国、細部に神宿る文化の国の生んだダンサーらしい、と思う。ロイヤル・バレエの大きな魅力はシェイクスピア以来の伝統が支える濃厚な演劇性だが、濃やかな演技で観客を魅了するダウエルは、まさにそれを体現するダンサー。イギリスの観客たちがダウエルに贈った「魅力的な王子たちのなかでもとりわけ貴族的」という褒め言葉も、そのことへの賛辞だろう。さらにいえば、その言葉のなかに、野性味にあふれ、演技以前に圧倒的な存在感で観る者を納得させてしまうヌレエフとの対比を感じとらずにはいられない。センセーショナルな亡命劇や豪快なジャンプで知られ、バ

「マノン」ナタリア・マカロワと（ロイヤル・バレエ）© Leslie E. Spatt

レエ・ファンのみならず世界中の人に絶大な知名度と人気を誇っていたヌレエフと、本国の人々にとりわけ深く愛されたダウエル。対照的な二人の活躍は、当時のロイヤル・バレエを大いに活気づけたに違いない。

芸術監督として、演技者として

バレエ団での立場や体力などの問題から、多くの男性ダンサーにとって節目となる四十代、ダウエルも大きな転機を迎えた。八四年にロイヤル・バレエの芸術監督助手になり、八六年には芸術監督に就任。『眠れる森の美女』『白鳥の湖』など古典バレエの改訂や、国籍にとらわれないダンサー登用など、カンパニー運営上でも手腕をふるうことになる。だが舞台を降りたわけではなく、この前後から個性的な脇役での舞台登場がぐっと増える。これがまた観客にとっては予想以上の楽しみとなった。

八五年頃のロンドンで観た『マノン』のレスコー役は、デ・グリューの繊細な演技が頭に残っていただけに衝撃的だった。念入りなメイクに役へののめり込み方が見て取れる、いかにも胡散臭げな悪党ぶり。カードでいかさまをする場面では、特徴のある目がきらっと光る。企みがばれて妹たちの前に連れてこられる場面の徹底した惨めったらしさは、いっそ清々しいほどだ。

自ら新演出した『眠れる森の美女』のカラボスも、凝った衣裳の下からダウエルならではの味が濃厚に立ち上っていたが、『ラ・バヤデール』のハイ・ブラーミンは忘れられない。高僧の身分を忘れて寺院の踊り子ニキヤに横恋慕する敵役。屈折した思いを抱えたまま、ソロルとガムザッティを結婚させようとする大詰めまで、あわや主役を凌ごうかという存在感がすごい。大勢の僧たちを従える威厳に、プリンスの面影がふとよぎる。

二〇〇一年、芸術監督を退くと同時に舞台からも一時引退するが、マクミラン振付の『三人姉妹』でマーシャの夫クルイギンを踊るため、二年後に再び舞台に復帰した。マーシャを踊るギエムのたっての希望だった。二〇〇三年の五月、ギエムの日本公演で姿を見せたのは、それから間もない頃のことだ。

その三十一日の神奈川県民ホール。アシュトン振付の『マルグリットとアルマン』で、ダウエルは背中をまっすぐに伸ばし、いかにも上流らしい厳格な態度、洗練された姿で現れた。田舎でひとときの幸福に浸っているマルグリットに、息子と別れるよう説得にくるアルマンの父。ぴったりした手袋を外す仕草、マルグリットの顔に触れる手付き、その顔を見る視線。上品な身のこなしの下に見えかくれする感情の、なんといきいきとしていることか！

より切ない思いにさせられたのは、チェーホフの戯曲をベースにした『三人姉妹』。ダウエルが演じるのは、ギエムの演じるマーシャの夫、中学教師のクルイギンだ。自分よりずっと若い妻が、駐留中のヴェルシーニン中佐に恋していることに気づきながらも、「私は幸せだよ」とくり返すことしかできない無力な男。眼鏡をかけ、少しせかせかした立ち居振る舞いのダウエルの肩には、初老の男性の哀愁が滲んでいる。ヴェルシーニンが去り、嘆くマーシャの前でおどけてみせる姿や、独白を呟くようにひとり踊る姿。そこにまとわりつく行き場のない、胸苦しいような哀しみは、バレエや演劇などというジャンルの枠を超え、観る者の心にしみじみとした余韻を残した。

いま実り多き第三章へ

ダウエルの活動は、いま実り多き第三章ともいえる時期に入っている。ギエムの説得によって、ダウエルはクルイギンやアルマンの父だけでなく、『マノン』のムッシュGMも演じることになった。『シンデレラ』のアグリー・シスターズを、昨年のコヴェント・ガーデンに続いて今年七月にニューヨークで行なわれたアシュトン・セレブレーションでも演じ、喝采を浴びた。

「引退したのになぜ自分は舞台に立っているのか。そう考えてナーヴァスになることもしばしばですが、アーティストとはそうした内面の欲求から逃れられないのだと思います。やはり一度舞台に立ってしまうと、いつまでも何かが手を引き続けるのでしょう」（「ダンスマガジン」二〇〇三年九月号）

なぜあの人はあんなになってまで踊っているのかと思われたくない、といいながらも、バー・レッスンに励み、舞台に立つ準備を怠らないダウエル。そこに感じられるのは、究極のプリンスと呼ばれた頃と少しも変わらない、舞台への熱い思いだ。心の機微をつかんだ演技は年々冴えを増してくる。果たして次の来日ではどんな演技を見せてくれるのだろう。ダウエルは間違いなく、いま最も見ておきたい「旬のダンサー」の一人である。

アンソニー・ダウエル

一九四三年二月十六日、ロンドン生まれ。ジューン・ハンプシャーのもとでバレエを始め、一九五三年からロイヤル・バレエ学校に学ぶ。六一年、ロイヤル・バレエに入団する。六四年、アシュトンがシェイクスピアの『真夏の夜の夢』をバレエ化した際、妖精の王オーベロン役に抜擢され大成功を収める。妖精の女王タイターニアを踊ったアントワネット・シブリーとのパートナーシップは大人気を博した。一九六六年、プリンシパルに昇進。ダウエルの踊りの優美なラインと卓越した演技力は多くのコリオグラファーを刺激し、チューダーは『シャドウプレイ』を、アシュトンは『田園の出来事』を振付けている。マクミランも、ダウエルとシブリーのために『マノン』を創作。一九七八～八〇年にはロイヤル・バレエを離れ、ABTに参加した。

一九八四年には当時のロイヤル・バレエ芸術監督ノーマン・モリスのアシスタントを務める。翌年、副芸術監督。八六年、モリスの後を継いで芸術監督に就任した。二〇〇一年に退任するまでの十五年間には、独自の美意識に貫かれた『白鳥の湖』『眠れる森の美女』の新演出を発表し、また国籍に捉われることなく才能あるダンサーを登用するなどさまざまな改革を行い、ロイヤル・バレエの新たな黄金時代を築き上げた。ロビンズの『イン・ザ・ナイト』やアシュトンの『タイス・パ・ド・ドゥ』などの衣裳デザインも担当。舞台出演も続け『三人姉妹』のクルイギンや『眠れる森の美女』のカラボスなどで味わい深い演技を披露した。

芸術監督退任後は、世界各地でアシュトン作品などの振付指導などを務めるとともに、舞台では個性的な脇役で存在感を示している。一九九五年、ナイトに叙せられている。Kバレエカンパニー名誉総裁。

MIKHAIL
BARYSHNIKOV
ミハイル・バリシニコフ

ミハイル・バリシニコフが、ヴァスラフ・ニジンスキーやルドルフ・ヌレエフの後に続く、二十世紀を代表する男性ダンサーの一人であることに異議を唱える人はおそらくいないだろう。

ミーシャという愛称で呼ばれる彼は、引き締まった身体に溢れるパワー、クラシック・バレエの理想のかたちを実現するテクニック、時代に遅れぬ聡明さとユーモアで、世界中の観客をらくらくと魅了してきた。ＡＢＴで彼自身が演出・主演した『ドン・キホーテ』で見せるチャーミングな笑顔、軽やかでダイナミックな跳躍、変形も回転数も自由自在のピルエットの数々は、どんな人の目をも釘付けにし、「参った」と笑顔で拍手させずにはおかない。だがその半生は、つねに華やかさと孤独とが背中合わせになっている。

リガ、レニングラード、ニューヨーク

一九四八年、バリシニコフはラトヴィア共和国の首都リガに生まれた。だぶだぶのコートを着てあどけなく笑う、ごく幼い頃の写真も残っているが、少年時代は決して幸福とはいえなかった。父親は芸術に理解を示すタイプではなく、繊細な性格だった母は、彼がリガのバレエ学校に合格した年に自ら命を絶ってしまう。このことは後々まで彼の心に影を落とした。

十二歳でバレエ学校に通いはじめた彼は、十五歳でワガノワ・バレエ学校に編入し、ヌレエフらを育てた名教師アレクサンドル・プーシキンの指導によって急速に頭角を現わす。ワガノワ入学のわずか二年後にヴァルナ国際バレエコンクールで金賞を獲得した彼は、その翌年、十九歳でキーロフ・バレエ（現マリインスキー・バレエ）のソリストとなった。キーロフ時代に『ドン・キホーテ』パ・ド・ドゥを踊る彼の映

前ページ：「アポロ」© Colette Masson/Roger-Viollet

像が「栄光のロシア・バレエ」のなかに残っているが、まさに全身やわらかいバネのようだ。瑞々しい若さがまぶしい。

六九年にはモスクワ国際バレエコンクールでも金賞を獲得。若手ホープの座をますます揺るぎないものにするが、旧体制のもとにあったキーロフ・バレエで自由に芸術活動を行なうことは難しかった。芸術家なら誰もが亡命を考えたという時期。六一年に亡命したヌレエフに続き、七〇年には同僚で一時恋人でもあったナタリア・マカロワも、キーロフ・バレエのロンドン公演中に亡命する。第二の父親のような存在だった恩師プーシキンが七二年に急死したことも、彼の決心を後押ししたのだろうか。七四年六月二十九日、その時はやってきた。カナダのトロントでの公演中、バリシニコフは得意の『ドン・キホーテ』のパ・ド・ドゥを踊ったのを最後に、厳しい監視を振り切って劇的な亡命を果たしたのだ。

それからの活躍と成功は、誰もが知る通り。亡命のほぼひと月後、ニューヨークでマカロワと『ジゼル』を踊ってセンセーショナルな成功を収めたのを皮切りに、彼はABTのプリンシパルとして古典の主役を踊ると同時に、いろいろな振付家の作品に猛然と挑戦し始める。フォーキンの『薔薇の精』、マクミランの『ロミオとジュリエット』、ロビンズの『アザー・ダンス』、そしてサープの『プッシュ・カムズ・トゥ・ショヴ』。リストには他にプティ、ノイマイヤー、チューダーなど、重要な振付家の名がずらりと並ぶ。後にその時期の活動が『バリシニコフ・アット・ワーク』（マーサ・スウォープ撮影　市川雅解説　新書館）という本にまとめられたとき、彼はページをめくりながら、少し得意げにこういったという。

「二年間で二十六役こなしたのか。はじめとしちゃ、そう悪くないね。ロシアだったら引退するまでにだって、これだけ踊れただろうか」（『バリシニコフ　故国を離れて』ゲナディ・スマコフ著　阿部容子訳　新書館）

七八年から七九年にかけてはNYCBに在籍し、同じロシア生まれの偉大な振付家バランシンのもとで、その作品を存分に踊った。八〇年にはABTに復帰、芸術監督に就任する。まさに八面六臂の活躍ぶりである。

バレエからモダンダンスへ

日本には七一年のキーロフ・バレエ公演以来、なかなか訪れる機会がなかったが、その活躍ぶりはさまざまな映像やレポートで伝わり、多くのバレエ・ファンの胸をときめかせた。とくに七六年に彼が主人公の恋人役で出演した映画『愛と喝采の日々』は、映画好きの女性たちの間にちょっとしたバレエ・ブームも呼び起こした。なぜなら二世代に渡るバレリーナたちを中心にしたストーリーもさることながら、ここに収められた二十代後半のバリシニコフの『海賊』や『ドン・キホーテ』、そしてレッスン風景の映像は、バレエを知らない人でも思わず見入るほど魅力的だったから。

「ミハイル・バリシニコフ&カンパニー」と題した公演で、ようやくバリシニコフを直接見るチャンスが訪れたのは八六年のこと。わくわくしながら幕が上がるのを見つめる。最初の作品は『ザ・クラス』。バーが置かれ、ピアノの伴奏が流れ、ダンサーたちのレッスン風景をそのまま舞台にのせたような作品だ。

レオタードとニットに身を包んだバリシニコフは数人の男女に混じり、やや伏し目がちに、黙々とプリエやポール・ド・ブラを行なっていた。写真や映像で想像したとおり、決して大きくない身体だが、その存在感はやはりずば抜けていた。正確で流れるような身のこなしに感動すると同時に、意外だったのはその雰囲気。なんとすばらしい、と同時に、なんと哀しげなダンサーなのか。『ドン・キホーテ』のバジルに代表される華やかなイメージが頭にあっただけに、その驚きは大きかった。

バリシニコフの魅力は、「先輩」ヌレエフとは大きく違う。同じ華やかさでも、自己主張の破格に強いヌレエフに比べ、バリシニコフのそれははるかに軽快な印象だ。それは踊りそのものにも作品選びにもいえること。古典からモダン、そしてアメリカならではのミュージカル・ナンバー。天翔る、といいたくなるほどの軽やかなステップで、他のいったい誰が短期間にあれだけの幅広いレパートリーを踊れるというのか。

ヌレエフは踊りや生き方を通して全人格をさらけ出し、自分の表現したい方向をはっきり示す。いっぽうバリシニコフは、踊りのなかで素の自分をさらけ出すタイプではないように見える。その多才さと聡明さが一種の壁をつくり、明るく華やかなのに、その芯には近付けない印象を与える。母の死や、亡命に至るまでのさまざまな事情が、彼の心に影を落とし続けたのだろうか？

そんな彼の複雑な魅力がたっぷりと盛り込まれていたのが、八六年に日本で公開された映画『ホワイトナイツ　白夜』だ。ここで彼が演じるのは、彼自身の境遇と大いにだぶる、亡命したバレエ・ダンサーの役。西側では成功してスターになっているが、ワールド・ツアーの最終目的地である東京に向かう途中、飛行機の不時着で否応なくロシアに連れ戻されてしまうという設定だ。

映画のなかで彼は、旧体制時に演奏禁止とされていたヴィソツキー作曲の『馬』で踊ったり、タップ・ダンスの第一人者グレゴリー・ハインズとの共演など（稽古場で連続十一回転のピルエットをやってのけるシーンが話題になった）、興味深いパフォーマンスを見せるが、最高の見せ場はやはり、映画の冒頭で踊る『若者と死』だろう。

映画の始まりは踊りの始まりでもある。低く響くバッハの「パッサカリアとフーガ」。バリシニコフはベッドに仰向けに横たわり、透き通った青い目で天井を見つめている。手には煙草。扉が開き、黄色いドレスの女が現れる。彼は女に飛びつくが、すぐ押しのけられてしまう。ぼろのジーンズとバレエ・シューズだけをまとった肉体が、女の攻撃に怯み、反発してはねかえり、椅子や机と絡まり合って転げ回る。激しい動きとエネルギーの発散が最高潮に達したとき、彼は女の指し示すロープを見つめ、魅入られたようにその輪のなかに我と我が首を差し入れる。

このプティの若き日の傑作は、ジャン・バビレの初演以来、ヌレエフ、デュポン、ル・リッシュら第一線の男性ダンサーたちが踊りついできたことで知られる。若さゆえの苦しみや、甘さを含んだ情熱など、同じ作品を踊れば否応なく踊り手の本質が露わになる。

そんななかで、バリシニコフの踊りが訴えてくるのは、甘さのかけらもない孤独の痛みだ。凄まじい筋力でコントロールされた身体の動き。動けば動くほど、むき出しの怒りにも似た哀しみが画面を越えて迫ってくる。劇中劇とは思えぬ迫力。なぜこんなにも心に迫るのか。そこに彼自身の抱える孤独に近いものが含まれていたからか。『バリシニコフ・アット・ワーク』に寄せられた、この作品についての独白のような彼の言葉が想像をかき立てる。

「これほどの苦悩と孤独を体であらわすこと——喜びを象徴するとともに、人を自殺にまで追いこんでゆく、美女のもたらす恐怖と安堵の間の鋭い緊張——すべてが僕には気に入った。そして僕は四囲の壁が上がってゆき、死が恐るべき姿から、感動的で圧倒的な力に変わって、芸術家を純粋な世界に導いてゆく最後の瞬間が好きだ……」

バリシニコフの悲劇役者的な魅力が際立ったという『スペードの女王』など、見たかった作品は山ほどあるが、無い物ねだりをしても仕方がない。八九年にＡＢＴの芸術監督の座を離れた彼は、九〇年に振付家マーク・モリスとともにホワイト・オーク・ダンス・プロジェクトを創設。活動の方向はクラシックからコンテンポラリーへと大きく変わっていく。彼はこのカンパニーとして二度来日したが、より記憶に新しいのが、九八年の「ミハイル・バリシニコフ＆坂東玉三郎」公演である。

バレエを極めたバリシニコフと歌舞伎の玉三郎との共演は、舞踊ファンの関心を大いに集めた。彼はこのとき五十歳、さすがに面差しには年輪が感じられたが、身体も動きも相変わらず若々しかった。玉三郎振付の『小鼓、太鼓と笛による舞』で、日本舞踊のようなゆるやかな身のこなしを見せたバリシニコフは、デイナ・ライツ振付の『二人のカンタータ』で再び登場。二人はそろいの白いゆったりした衣裳で舞台に立つ。ほとんど同じ振付を鏡に映ったように対称的に踊る二人だが、玉三郎は内輪、バリシニコフの脚は外向きのアン・ドゥオール。それぞれの身体から、長年の練習によって染み込んだ動きがおのずとにじみ出るのが興味深い。

バリシニコフらしい大きな動きがもっと見たいとも思ったが、異なる文化を背景に持つ二人の天才の、お互いへの敬意が溢れ出るような、なにかほのぼのとした印象の漂う舞台だった。この日のミーシャに、あの哀しげな雰囲気があったかどうか、残念ながら覚えていないが、二人が肩を抱き合うようにして、光のなかへ歩み去るラスト・シーンが心に残る。

バリシニコフ・アーツ・センター誕生

芸術監督として活躍したパリ・オペラ座で、後継者となるダンサーを自ら育てたヌレエフ。だが、かつて指導者になる可能性を聞かれたバリシニコフは、こう答えた。

「良いダンサーは必ずしも良い教師ではない。……それだけじゃなく、コンテンポラリーへと進んできて

「ザ・クラス」(ミハイル・バリシニコフ&カンパニー公演 1986年) © Hidemi Seto

「プッシュ・カムズ・トゥ・ショヴ」© Colette Masson/Roger-Viollet

いる私には、出発点であるクラシックに戻るのは困難なんです」(「ダンスマガジン」一九九八年八月号)

しかし現在、バリシニコフは彼にしかできない方法で若いアーティストたちを育てようとしている。彼のリーダーシップのもとに劇場やスタジオを備えたバリシニコフ・アーツ・センターがニューヨークに誕生、未来に向けてさまざまな芸術活動の交流の場となろうとしているのだ。

そしてバリシニコフ自身は二〇〇四年、十五年近く活動したホワイト・オーク・ダンス・プロジェクトを離れて、再びフリーのダンサーになった。そのときの欧米ツアーの盛況ぶりは「ダンスマガジン」でも伝えられたが、あいかわらず引き締まった体型、キレのある動きは、写真からでも十分想像できる。

その踊りにはいまも、あの不思議な哀しみが漂っているのだろうか。それとも、それは何か新しいものに姿を変えているのだろうか。次に彼のステージを見るとき、ぜひ確かめてみたい。

ミハイル・バリシニコフ

一九四八年一月二十七日、ラトヴィアの首都リガでロシア人の両親の間に生まれる。リガで学んだのち、六四年ワガノワ・バレエ学校に編入、名教師アレクサンドル・プーシキンに師事する。六六年ヴァルナ国際バレエコンクールで金賞を受賞。六七年キーロフ・バレエに入団。六九年モスクワ国際バレエコンクールで金賞を受賞する。七四年六月、キーロフ・バレエのグループ公演中、カナダで西側に亡命。七月、ABTの『ジゼル』でNYデビューを果たす。七八年NYCBに移籍。八〇年九月、ABT芸術監督に就任。古典作品の新演出を手がけた。八九年に退任し、九〇年、モダンダンスのマーク・モリスとともにホワイト・オーク・ダンスプロジェクトを創設。

古典以外の代表作は、プティの『若者と死』『カルメン』、バランシンの『放蕩息子』『アポロ』、ロビンズの『アザー・ダンス』『ダンス組曲』、アシュトンの『ラプソディ』、サープの『プッシュ・カムズ・トゥ・ショヴ』など多数。映画『愛と喝采の日々』『ホワイトナイツ』『ダンサー』などで人気を博した。

初来日は七一年のキーロフ・バレエ公演。その後八六年に自身のグループ公演、九二年と九四年にホワイト・オーク・ダンスプロジェクトで来日。九八年にはベジャール・バレエ日本公演に客演し、『ハートビート』を踊る。同年「ミハイル・バリシニコフ&坂東玉三郎」公演を行った。八九年にはABT芸術監督として来日。

二〇〇五年、ニューヨークにバリシニコフ・アーツ・センターを創設。現在はフリーランスで活動している。

RUDOLF
NUREYEV
ルドルフ・ヌレエフ

この本に登場した魅力的な男性ダンサーたちの偉大な先駆者、それがルドルフ・ヌレエフだ。二十世紀なかば、まだまだバレリーナの支え手に甘んじていた男性ダンサーの存在は、ヌレエフの登場によって一躍舞台の中央に躍り出た。

ほお骨の高い精悍な顔立ち、引き締まった身体、強靭な脚で誇らしげに宙に舞い上がる姿は、その生涯の幕が下りて十二年が経った今なお、舞台の記憶や映像、写真によって多くの人々の心のなかにくっきりと残されている。六〇年代、巨大な彗星のようにバレエ界に登場した彼のことを語らずにおくわけにはいかないだろう。

列車のなかに生まれて

ヌレエフは一九三八年、タタール人で回教徒の両親のもと、バイカル湖畔からイルクーツクへと走る列車のなかで生まれた。ヌリ・ファスリというイスラム風の名前が、出生届を受けた書記のミスによってヌレエフと書き留められたというのも、よく語られるエピソード。「熱しやすく戦闘的、気どりのない情熱家、ときには狐のようにずる賢い」とタタール人を評したヌレエフ。約四十年間の炎のような活躍は、そうした先祖の熱い血が支えたものだったろうか。

バレエに心奪われたのは六歳のとき。父の故郷バシキール共和国の首都ウファの歌劇場で初めてバレエを見、自分の天職はこれだと心を決めた。十一歳から、もとバレエ・リュスのメンバーだったウデルツォワにバレエの手ほどきを受け、フォーク・ダンスのサークルに参加したり、歌劇場に小さな役で出演したりと回り道をしながら、ようやく念願の世界への扉に手をかける。

五五年、モスクワで行なわれたバシキール芸術祭に出演して注目を集め、ボリショイ・バレエ学校入学の道が開けるが、経済力のないヌレエフは寄宿制度のあるワガノワ・バレエ学校への編入試験を受けて合格。アレクサンドル・プーシキンの指導によって急速に才能を伸ばし、全ソ連学生バレエコンクールで踊った『海賊』などの成功によって実力を認められる。キーロフ・バレエ（現マリインスキー・バレエ）のソリストとして契約を結んだのは二十歳、ワガノワ編入からわずか三年後のことだった。

だが、政治活動に興味を示さず、ひたすら踊りだけに打ち込もうとしたヌレエフは、しだいに要注意人物と目されるようになった。六一年、キーロフ・バレエのパリ公演終了後、彼は究極の決断を迫られる。クレムリンで踊るという名目で、突然ひとりだけ帰国するよう指示されたのだ。従えばもう二度と、出国はおろか踊ることさえできなくなるのではないか。パリ出発の日、彼はついに心を決め、ル・ブールジェ空港の検査官に保護を求めたとき、所持金はわずかに五十フラン。まさにゼロからのスタートだった。

フォンテインとの出会い

鉄のカーテンの向こうから現れた、シャイでぶっきらぼうな表情の青年は、西側の人々の心を捉えずにはおかなかった。芸術活動の自由を求めての亡命という劇的な背景を背負った彼が、マーゴ・フォンテインという英国のスターと出会い、ペアを組んだのは、運命としかいいようがない。四十代の優雅なフォンテインと若いエネルギーにあふれたヌレエフは、互いの長所を最大限に引きたてあった。初共演の『ジゼル』のセンセーショナルな成功、二人のイメージそのままのアシュトン振付『マルグリットとアルマン』のさらなる成功。ヌレエフはフォンテインとともにヨーロッパ、アメリカで大成功をおさめ、その人気は社会現象にまでなってゆく。なんとわくわくする展開だろう！

キーロフ時代から何度となく踊った『海賊』、ローラン・プティ振付の『若者と死』、イタリアの名花カルラ・フラッチと踊った『ラ・シルフィード』など、全盛期の映像のなかから、彼の魅力の真実が見えてくる。いま見れば取り立てて驚くようなテクニックを披露しているわけではない。均整のとれた身体つきも、ジャンプも回転も、今ならもっと条件のいい人がたくさんいるだろう。

ただ現在のダンサーたちをも圧倒するものがひとつある。それは「熱さ」だ。ヌレエフが登場しただけで、太陽が雲間から差すように、あきらかに舞台の温度が変わる。映像で見ていてさえ、それははっきりわかる。その勢い、バレエへの情熱、自分の技量への絶対の自信、それらがテクニックそのものよりぐっと前に出て、見る人の心をわしづかみにするのだ。

圧倒的な人気を集めたマクミラン振付の『ロミオとジュリエット』や、彼自身が演出・主演したナショナル・バレエ・オヴ・カナダの『眠れる森の美女』などは、その熱さが前面に出た代表的な舞台といえるかもしれない。フォンテインのジュリエットに熱い情熱を注ぐヌレエフのロミオ。バルコニーのパ・ド・ドゥ、喜びにあふれた秘密の結婚式、そして墓地での悲劇的なすれちがい、どのシーンをとっても、ヌレエフはまさに直情な若者だ。その恋情があふれて力強い回転となり、ジャンプとなり、パートナーのフォンテインの成熟した身体を、より柔らかくより若々しく、みずみずしい乙女のように見せてゆく。ラスト・シーンの二人の真に迫った演技は、今も見る人の涙を誘う。

そして『眠れる森の美女』フロリムント王子の、圧倒的な存在感。堂々としたその姿の前には、カラボスもリラの精も影が薄くなる。ヴェロニカ・テナントの踊るオーロラ姫さえも思わず頭を垂れてしまいそうな輝かしさは、いかにもヌレエフらしく、なにか微笑ましくさえ思えるほどだ。

活躍当時から、ヌレエフはしばしば「現代のニジンスキー」と評された。だが、残された写真や批評から想像する限り、二人はまったくタイプの違うダンサーだったという気がする。男性とも女性ともつかぬ神秘的な魅力を持ち、自分と役を同化させるタイプだったと思われるニジンスキー。対してヌレエフは、風貌も身のこなしもとても男性的、そしてどんな役を踊っても強烈な自己を感じさせる。二人の最大の共通点はおそらく「こんな踊り手は初めて見た」と観客に感じさせるオーラだったのだろう。

七〇~八〇年代にかけて、ヌレエフはバレエのみならず、テレビや映画、ブロードウェイにも進出する。とりわけケン・ラッセル監督の映画『バレンチノ』で、タイトルロールを演じた彼がニジンスキー役のアンソニー・ダウエルと踊ったタンゴの妖しい魅力は、世界のバレエ・ファンを夢中にさせた。さらに「プティパのバレエは博物館に入れるべきではない。つねに現代風のアレンジを加え、光を当てておかなけれ

「海賊」マーゴ・フォンテインと © Leslie E. Spatt

「ジゼル」森下洋子と © Hidemi Seto

ば」という持論のもと、『眠れる森の美女』の他『ドン・キホーテ』『白鳥の湖』など古典の改訂を積極的に行ない、自ら主演して喝采を浴びる。

彼の存在は世界中で、男性にも女性にも、ダンサーにも観客にもショックを与えた。スポット・ライトに慣れたバレリーナや、その支え役の地位に甘んじていた男性ダンサーは戸惑い、いっぽう若い男性ダンサーは、ウェイン・スリープが『ヌレエフ　I am a dancer』のなかで語っているように、彼に憧れ、彼のようになりたいと願った。若く可能性に満ちていた彼らには、「男性ダンサーとしてスターになる」という、それまでにはなかった大きな目標ができたのだ。

森下洋子との「ジゼル」

亡命直後、ヌレエフはフォンテインとともに日本を訪れ、『海賊』のパ・ド・ドゥなどを踊って、まだ彼の名を知らなかった観客を驚嘆させた。それから長く訪れることはなかったが、七六年から森下洋子とパートナーを組み、その存在はぐんと近しいものになった。八〇年代に入ってから来日の機会が増え、ウィーン国立歌劇場バレエの初来日公演では、かつてパオロ・ボルトルッツィと初演したベジャール振付の『さすらう若者の歌』を披露。八五年には当時二十歳のシルヴィ・ギエムと東京バレエ団に客演。『白鳥の湖』を踊って話題をまいた。

八三年、松山バレエ団で森下と共演した『ジゼル』は、体力的なピークこそ過ぎていたが、彼の演技力のすばらしさを伝える貴重な舞台といってもいいだろう。現在は純情な貴公子として演じられることも多いアルブレヒトだが、ヌレエフはこの青年貴族をあきらかなプレイボーイ・タイプとして演じている。可憐な村娘ジゼルへの優しさは溢れんばかりだが、その恋はあくまで貴族の非日常の遊び、罪の意識さえもない印象だ。第一幕の最後、ジゼルの死を目にした後でさえ、彼の表情は悲しみよりも苛立と怒りを強く感じさせる。従者の着せかけたマントをまとって立つ姿は、怖いような威厳にあふれている。

だが一幕での彼が傲然としていればいるほど、二幕の変化がドラマティックに見えてくる。森下演ずるジゼルのひたむきな愛情の前に、次第に強さの仮面が崩れ、最後には深い後悔に変わってゆくさまが、いかにも人間的で温かく、胸を打つのだ。クライマックスのアントルシャに贈られる、大きな拍手。幕切れに天を仰ぐ哀しみの表情。映像を見るほどに、生で見られなかったことが残念でならない。

激情のままに生きた巨星

八三年から九〇年まで、ヌレエフはパリ・オペラ座バレエの芸術監督を務め、それまでに手がけてきた古典の新演出・振付を、オペラ座のレパートリーに定着させた。ワンマンぶりはパリ・オペラ座関係者、ダンサーの強い反発も招くが、ローラン・イレール、ルグリ、ギエムやル・リッシュなど若いダンサーの才能を発見、育成したことは、何ものにも代えがたい功績だろう。

八三年にはＨＩＶ感染が判明、親しい人には打ち明けていたが、それも踊りへの執念を弱めることはなかった。体力の衰えが歴然とするようになっても、自ら舞台に上ることはやめようとせず、一部からは冷笑めいた批判も出るが、意に介さなかった。そして九二年の十月。最後の演出・振付となった『ラ・バヤデール』の初演を、もっとも望んだというイザベル・ゲランとイレールのペアで見届けたヌレエフは、カーテンコールで舞台に上がり、誇らしげに胸を張って、生涯最後の喝采を全身に浴びた。

かつてのパートナー、フォンテインの著書『バレエの魅力』のなかにこんな一文がある。「ヌレエフはきっと、息を引き取る瞬間まで自分の激情のままに生きるのだろうと私には思われるのです」。その言葉通りにヌレエフは生き抜き、九三年の一月、五十四歳の生涯を閉じた。嵐のような登場から、時代の寵児となった前半生、そしてオペラ座の帝王として君臨した後半生。ヌレエフ以後、華やかな個性を持つ男性ダンサーたちが数多く誕生したが、彼ほど多くの人に影響を与え、ダンサーの「業」の部分までさらけ出して踊った人はいないのではなかろうか。

没後十年にあたる二〇〇三年には、その偉大な足跡を讃えた公演が世界各地で行なわれた。日本でもシャルル・ジュド、ファルフ・ルジマートフ、イレールら、錚々たるダンサーたちが踊ったのは記憶に新しい。ヌレエフのもたらした炎は、世界中のダンサーのなかに受け継がれ、今この瞬間も熱く燃え続けている。

ルドルフ・ヌレエフ

一九三八年三月十七日、イルクーツク近郊を走る列車のなかで生まれる。姉三人がいる四人きょうだいの末っ子として、ウファで育つ。六歳のときバレエの舞台を見て、ダンサーを志す。父親の反対に合いながらも、レッスンを続け、十五歳からウファ歌劇場に小さな役で出演。一九五五年レニングラード（現サンクト・ペテルブルグ）のワガノワ・バレエ学校に編入、名教師プーシキンの指導を受ける。一九五八年全ソ連学生バレエコンクールで優勝。卒業後、キーロフ・バレエ（現マリインスキー・バレエ）にソリストとして入団する。

一九六一年六月十七日、キーロフ・バレエのパリ公演後、ル・ブールジェ空港で亡命。同年、グランド・バレエ・ドゥ・マルキ・ド・クエヴァスで『眠れる森の美女』に主演。六二年ロイヤル・バレエでマーゴ・フォンテインと初共演、〈奇跡のパートナーシップ〉が誕生した。二人が初演した作品に、六三年アシュトンの『マルグリットとアルマン』、六五年マクミランの『ロミオとジュリエット』などがある。

ロイヤル・バレエにゲストアーティスト（七七年まで）として出演しながら、ウィーンをはじめ、世界各地で活躍。古典やベジャール、プティ、バランシン、ロビンズ、グレアムなどの作品を踊る一方、自ら振付や古典の改訂演出も行った。

一九八二年にオーストリア国籍を取得。

一九八三年から九〇年までパリ・オペラ座バレエの芸術監督を務める。オペラ座では、『ライモンダ』『ロミオとジュリエット』『白鳥の湖』『くるみ割り人形』『シンデレラ』『眠れる森の美女』『ラ・バヤデール』などの振付・演出を手がけた。八九年十一月、二十八年ぶりにキーロフ劇場の舞台を踏み、『ラ・シルフィード』（ジャンナ・アユポワと）を踊る。

日本には、一九六三年にフォンテインと初来日。八三年松山バレエ団で森下洋子と共演したほか、八四年ウィーン国立歌劇場バレエ来日公演（森下洋子、エヴァ・エフドキモワと）、八五年東京バレエ団公演（シルヴィ・ギエムと）、八八年に「ヌレエフとその仲間たち」公演などに出演した。

一九九三年一月六日、パリで死去。

パリ・オペラ座ガルニエ宮の屋根の上で © Colette Masson/ Roger-Viollet

おわりに

『踊る男たち』は、二〇〇三年から二〇〇五年にかけての二年間、新書館の「ダンスマガジン」で連載された。その終了から三年が経った二〇〇八年現在、登場した二十七人の男性ダンサーのその後を見ると、すでにかなりの動きがある。

パリ・オペラ座バレエのマニュエル・ルグリやニコラ・ル・リッシュは、ますます元気に第一線で活躍中だ。連載時、まだまだ若手という印象だったマチュー・ガニオは、プティやノイマイヤー他の作品を次々に踊り、レパートリーを大幅に広げながらめざましい成長を続けている。

ロベルト・ボッレは、生来の華やかさが一気に開花した感がある。いまや振付家やバレリーナたちの指名が引きもきらない売れっ子スターだ。アレッサンドラ・フェリやダーシー・バッセルの引退公演でもパートナーを務めた。

ダイナミックな大技が魅力のアンドレイ・ウヴァーロフや熊川哲也は、ケガでファンを心配させた時期もあるが、再び舞台に復帰。ウラジーミル・マラーホフも二度の膝の手術を乗り越えて、今年また、年齢を知らないかのようなしなやかな踊りを披露してくれた。

踊りを続けながら、バレエ団の芸術監督を兼任する人も増えてきた。熊川とマラーホフは連載時すでにKバレエカンパニー、ベルリン国立歌劇場バレエをそれぞれ担っていたが、アンヘル・コレーラ、ファルフ・ルジマートフ、イーゴリ・ゼレンスキーも現在はバレエ団を率いる立場。ジル・ロマンは二〇〇七年に死去したベジャールのあとを受けて、ベジャール・バレエ・ローザンヌの芸術監督になった。

バレエから別の分野に活動の場を広げた人々もいる。アダム・クーパーはミュージカル俳優として人気を得ているし、小林十市は演劇で活躍中。首藤康之はダンサーとしても活躍しながら、マイムや演劇の世界に積極的に挑んでいる。

それぞれの近況を見渡して、踊る男たちの上に流れる時間の速さを思っていたとき、パトリック・デュポンがパリで「最後のダンス」を披露したというニュースが届いた。一時代が確実に過ぎようとしている。いっぽうで、連載時には無名だった新しい才能が、世界各地で着実に育ちつつあるのも確かなことだ。

『踊る男たち』に登場する二十七人のダンサーは、いずれも傑出した才能と魅力の持ち主だ。日本でみごとな演技を披露したということも共通している。彼らの魅力を文章で表現するのはあまりにも難しいが、踊りの一瞬をあざやかに切り取る写真とともに、彼らの舞台での活躍を思い起こしていただければ、とてもうれしい。最後に、連載時から多大な励ましとご協力を頂いた新書館編集部の方々に、心からお礼を申し上げたい。

二〇〇八年六月

新藤弘子

初出　月刊「ダンスマガジン」二〇〇三年八月号〜二〇〇五年七月号

新藤弘子（しんどう　ひろこ）
東京生まれ。女子美術大学卒業後、集英社「別冊マーガレット」「YOU」などで少女漫画家として活動。漫画家時代にバレエの魅力に目覚め、一九九四年日本ダンス評論賞入選を機に、舞踊評論活動を開始する。著書に「バレエ・キャラクター事典」（新書館）、「世界バレエ名作物語」（汐文社）ほか。

踊る男たち　バレエのいまの魅惑のすべて

二〇〇八年九月五日　初版発行

著者　新藤弘子
発行　株式会社　新書館
〒一一三-〇〇二四　東京都文京区西片二-一九-一八
電話　〇三（三八一一）二八五一
（営業）〒一七四-〇〇四三　東京都板橋区坂下一-二二-一四
電話　〇三（五九七〇）三八四〇
FAX　〇三（五九七〇）三八四七
装幀　SDR（新書館デザイン室）
印刷　加藤文明社
製本　若林製本

落丁・乱丁本はお取り替えいたします。
©2008, Hiroko Shindo
Printed in Japan ISBN 978-4-403-23110-0

新書館のバレエの本

バレエ・キャラクター事典
新藤弘子　絵・とよふくまきこ
ヒロインやヒーローはもちろん、悪役や脇役まで、個性豊かな登場人物たちが満載！
B5 並製／定価 1680 円

バレエの見方
長野由紀
動きのアクセントや視線など細部に目を凝らせば、バレエがもっと面白くなる！
四六判上製／定価 1890 円

バレリーナの肖像
鈴木晶
バレエの花はバレリーナ―― 20 世紀を華やかに彩った名バレリーナたちの物語
四六判上製／定価 2940 円

バレエ入門
三浦雅士
これだけは知っておきたいバレエのエッセンスをわかりやすく解説した必読書！
四六判上製／定価 1680 円

バレエ・テクニックのすべて
赤尾雄人
テクニックがわかれば、バレエを見るのがもっと楽しい！ テクニック・ガイドの決定版
A ５変並製／定価 1680 円

改訂新版　ダンス・ハンドブック
ダンスマガジン編
バレエの誕生から現代までの重要な人名をすべて網羅した、ダンスがわかる事典！
A5 変並製／定価 1680 円

バレエ 101 物語　新装版
ダンスマガジン編
「白鳥の湖」から「ボレロ」まで、101 の作品のストーリーと創作背景を紹介！
A5 変並製／定価 1470 円

バレエ・パーフェクト・ガイド
ダンスマガジン編
スターダンサーや絶対見ておきたい名作バレエなど、バレエ鑑賞に役立つ最新ガイド
B5 並製／定価 1680 円

価格税込
http://www.shinshokan.co.jp